Anja Stettner
Materialien und Kopiervorlagen
zur Klassenlektüre

Katja Reider

Ganz geheim!

Hase und Igel®

Inhalt

www.hase-und-igel.de
Lektorat: Patrik Eis, Birgit Fürst
Illustrationen: Silke Brix
Satz: Appel Grafik München GmbH
Druck: Joh. Walch GmbH & Co. KG, Augsburg

ISBN 978-3-86316-036-4
2. Auflage 2024

Das Buch

Das Gefühl, ausgeschlossen zu sein und nicht zu den Wichtigen in der Klasse zu gehören, kennen viele Grundschüler. Doch wie weit soll man gehen, um dazuzugehören? Kann man wirklich stolz darauf sein, eine Mutprobe bestanden zu haben, auch wenn man dabei etwas klauen musste? Katja Reider erzählt in „Ganz geheim!" lebensnah und sehr einfühlsam, wie Maja echten Mut beweist und dadurch den Bann eines Geheimclubs bricht.

Maja und Fine sind in der vierten Klasse und unzertrennlich. Aber ihre Freundschaft wird auf eine harte Probe gestellt, als Valerie, der Möchtegernsuperstar der Klasse, einen Geheimclub gründet. Plötzlich gehören nur noch die zu den Wichtigen, die ein blaues Armband tragen und die Geheimsprache verstehen. Sogar einige Jungen aus der Klasse interessieren sich für den neuen Club. Weil dann auch Fine sich in den Bann ziehen lässt und zu einem der geheimen Clubtreffen geht, fühlt sich Maja hintergangen und ist enttäuscht. Sie folgt ihrer Freundin heimlich und merkt schnell, dass bei dem Treffen irgendetwas nicht stimmt. Als Valerie unerwartet nicht nur Tim und Pablo, sondern auch Maja zur nächsten Zusammenkunft einlädt, bestätigt sich ihre Vermutung: Die Clubmitglieder müssen Mutproben bestehen! Gegen dieses Spiel mit der Angst wehrt sich Maja mutig, worauf der Valerie-Fanclub schlagartig seine Anziehungskraft für fast alle Kinder der Klasse verliert. Auch die beiden Freundinnen versöhnen sich schließlich wieder.

Katja Reider erzählt die spannende Geschichte aus Sicht der Protagonistin Maja in bildhafter, lebendiger Sprache. Die Autorin lässt ihre jungen Leser teilhaben an den Gesprächen, Gedanken und Gefühlen des Mädchens, wodurch sich die Schüler gut in Maja hineinversetzen können, wenn es um Themen wie Freundschaft, Dazugehören, Missverständnisse und Mut geht. Diese lebensnahen Themen sprechen Jungen wie Mädchen an und regen zur Diskussion und zum Austausch über persönliche Erfahrungen an. Die von Silke Brix pfiffig illustrierte Geschichte richtet sich thematisch und sprachlich an Schüler der dritten und vierten Klasse.

Als Titel der Reihe LEVEL 1, 2, 3 liegt das Buch in drei Lesestufen vor: Level 3 entspricht den normalen Anforderungen einer Lektüre für diese Altersstufe, Level 2 bietet eine gekürzte Fassung der Geschichte in Fibelschrift, Level 1 ist zusätzlich mit Silbenhilfe gesetzt. So werden insbesondere unbekannte Wörter auf Anhieb in der korrekten Silbierung gelesen und der Sinn des Textes erschließt sich einfacher und schneller. Da bei der Kürzung darauf geachtet wurde, dass der Inhalt jeder Buchseite weitgehend erhalten bleibt, können die drei Fassungen parallel innerhalb einer Lerngruppe eingesetzt werden. Sie eignen sich somit hervorragend zur Differenzierung.

Das Material

Den ersten Abschnitt dieses Begleitmaterials bildet der Lehrerteil mit Ideen zur Unterrichtsgestaltung, Sachinformationen sowie weiterführenden Anregungen zur Differenzierung und zum fächerübergreifenden Arbeiten. Viele Gesprächs- und Schreibanlässe ermuntern die Schüler dazu, gemeinsam über das Verhalten und die Meinungen der Personen in der Geschichte zu diskutieren und diese auch in Beziehung zur eigenen Erfahrungswelt zu bringen.

Daran schließen sich abwechslungsreiche Kopiervorlagen an, die Sie direkt im Unterricht einsetzen können. Sie sind so gestaltet, dass sie sowohl im gebundenen Unterricht als auch in freieren Unterrichtsformen Verwendung finden können. Die Kinder setzen sich mit den Themen Freundschaft, Dazugehören und Mut/Mutproben auseinander. Dieser Beitrag zur Werteerziehung in der Grundschule wird ergänzt durch vielfältige Ideen zur Förderung der Lesemotivation und der Lesekompetenz. Die Arbeitsblätter helfen den Kindern, den Text genau zu erschließen, z. B. durch das Beschreiben von Figuren und deren Beziehungen zueinander oder durch das Bewerten bestimmter Äußerungen. Wo eng am Buchtext gearbeitet wird und dieser durch die verschiedenen Level voneinander abweicht, werden zwei Varianten angeboten, die auf die jeweilige Fassung (Level 1 und 2 oder Level 3) abgestimmt sind. Die Reflexion des eigenen Leseverhaltens mithilfe eines Lesetagebuchs und das Erstellen einer abschließenden Buchkritik sind ebenfalls Inhalte dieser Materialien. Abgerundet werden sie durch Anregungen zur Spracharbeit, Sachtexte, vielfältige Bastel-, Spiel- und Rätselideen sowie ein Lied zum Thema Mut.

Viel Freude beim Eintauchen in Majas Welt sowie anregende Gespräche und Diskussionen wünscht Ihnen und Ihrer Klasse

Anja Stettner

Vor der Lektüre

Hinweise zu den Kopiervorlagen

KV Seite 20

Katja Reider

Dieses Arbeitsblatt können Sie vor der Lektüre, aber auch begleitend oder nach Beendigung der Arbeit mit dem Buch einsetzen. Die Kinder müssen beim Ausformulieren des Steckbriefs nicht alle Ideen aus dem Gedankennetz verwenden, es kann jedoch als Anhaltspunkt dienen, die wichtigsten Informationen zu Katja Reider festzuhalten. Geben Sie als Hilfestellung für leistungsschwächere Schüler Satzmuster vor oder formulieren Sie das Minimalziel: Bilde zu jedem Hauptast einen sinnvollen Satz. Anstelle eines Textes können die Kinder auch ein Plakat entwerfen.

Die Kopiervorlage von Seite 56 können Sie ebenfalls in diesem Zusammenhang einsetzen. Schüler, die bereits andere Bücher der Autorin gelesen haben, verfassen kurze Buchkritiken und stellen die Lektüren der Klasse vor oder vergleichen sie miteinander. Auch eine mithilfe der örtlichen Bibliothek oder einer Buchhandlung organisierte Buchausstellung zum Werk von Katja Reider ist denkbar.

Weitere Informationen finden Sie auf der Homepage von Frau Reider *(www.katjareider.de)*, die Ihrer Klasse als Informationsquelle dienen kann. Dort steht auch die E-Mail-Adresse der Autorin *(k.reider@designnetzwerk.de)*, an die Ihre Schüler Fragen, Ideen, Anregungen oder Kritik senden können. Einen interessanten Einblick in das Leben der Autorin erhalten die Schüler in Form von „10 Fragen an Katja Reider" unter folgendem Link: *www.buecherkinder.de/2019/07/10-fragen-an-katja-reider/.*

Für eine Lesung mit der Autorin an Ihrer Schule können Sie ebenfalls mit Katja Reider direkt per E-Mail Kontakt aufnehmen.

Mein Lesetagebuch

Dieses Arbeitsblatt bietet Ihren Schülern die Möglichkeit, ihren persönlichen „Leseweg" festzuhalten. Dies gelingt sowohl, wenn Sie die Lektüre gemeinsam mit der Klasse lesen, als auch in freieren Organisationsformen.

Nicht nur die Blätter aus diesem Material, sondern auch zusätzliche Aufgaben, Texte etc. sollen auf dem Arbeitsplan notiert werden. Er bietet die Grundlage, das eigene Arbeits- und Leseverhalten zu reflektieren. Was habe ich bereits geschafft? Sind mir die Aufgaben leicht- oder schwergefallen? In welcher Sozialform habe ich gearbeitet? Einige Arbeitsblätter regen die Schüler an, sich über die Informationen aus der Lektüre hinaus mit einem Thema auseinanderzusetzen. Die dafür benötigten Informationsquellen vermerken sie ebenfalls auf dem Arbeitsplan.

1. bis 3. Kapitel: Der geheimnisvolle Club

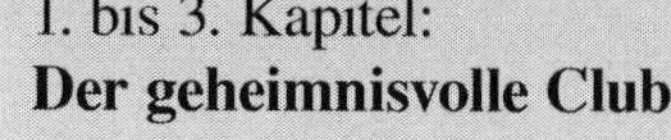

Inhalt

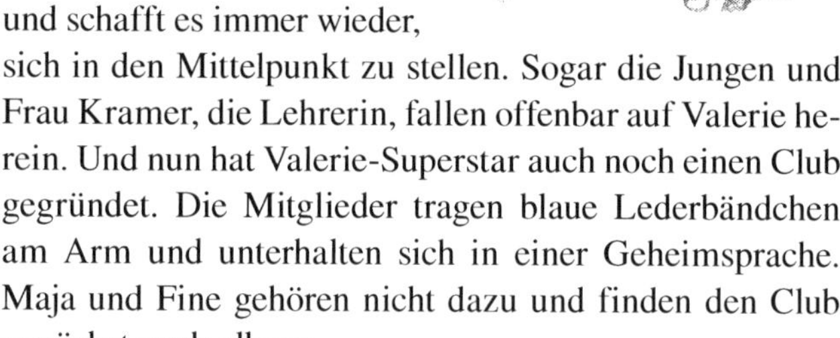

Maja geht mit ihrer besten Freundin Fine in die 4. Klasse und eigentlich auch gerne in die Schule, wenn da nicht Valerie wäre. Sie ist der selbst erklärte Superstar der Klasse und schafft es immer wieder, sich in den Mittelpunkt zu stellen. Sogar die Jungen und Frau Kramer, die Lehrerin, fallen offenbar auf Valerie herein. Und nun hat Valerie-Superstar auch noch einen Club gegründet. Die Mitglieder tragen blaue Lederbändchen am Arm und unterhalten sich in einer Geheimsprache. Maja und Fine gehören nicht dazu und finden den Club zunächst auch albern.

Gesprächs- und Schreibanlässe

Maja und Fine sind beste Freundinnen.

- Hast du auch einen besten Freund oder eine beste Freundin?
- Was magst du an ihm oder an ihr?
- Gibt es etwas, das du an ihm oder an ihr nicht so magst?
- Dürfen sich beste Freunde auch mal streiten?

Fine heißt eigentlich Josefine.

- Wird dein Vorname auch abgekürzt? Von wem?
- Magst du die abgekürzte Form?
- Magst du deinen Vornamen? Oder wie würdest du lieber heißen?

Valerie spielt den Superstar in der Klasse und schafft es immer wieder, die Aufmerksamkeit auf sich zu ziehen.

- Was macht sie so besonders?
- Warum stellt sich Valerie oft in den Mittelpunkt? Wie fühlt sie sich vermutlich dabei?
- Wie denkst du über Valeries Verhalten?
- Wieso hat Valerie wohl den Club gegründet?

In dem Laden von Valeries Mutter gibt es jede Menge schickes Zeug.
- Was ist bei euch gerade schick oder angesagt?
- War das schon immer so?
- Wer legt eigentlich fest, was gerade „in" ist?
- Sind bei euch die gleichen Dinge „in" wie bei euren Eltern früher? Fragt nach und berichtet darüber.

Fine hat zwei Brüder, Maja ist Einzelkind.
- Wer gehört zu deiner Familie?
- Welche Familienformen gibt es noch in eurer Klasse?
- Welche Vor- und Nachteile haben die unterschiedlichen Formen eurer Meinung nach? Diskutiert darüber.

Kunst ist Majas Lieblingsfach.
- An diesem Tag bereitet ihr der Kunstunterricht aber nicht so viel Freude. Erkläre, warum.
- Welche Fächer magst du gerne?
- Was gefällt dir daran?

Fine sammelt Pinguine.
- Sammelst du auch etwas?
- Kennst du jemanden mit einer Sammelleidenschaft?
- Warum sammeln Menschen wohl die verschiedensten Sachen?

Majas Mutter arbeitet als Übersetzerin zu Hause.
- Wartet jemand auf dich, wenn du von der Schule nach Hause kommst?
- Isst du mittags zu Hause oder in der Schule?
- Möchtest du gleich über die Schule reden, wenn du nach Hause kommst? Warum (nicht)?

„Erwachsene sind schreckliche Gewohnheitstiere", stellt Maja im 2. Kapitel fest.
- Stimmt das? Nenne Beispiele dafür oder dagegen.
- Bist du manchmal auch ein Gewohnheitstier?
- Es gibt gute und schlechte Angewohnheiten. Erkläre.

Alle Mitglieder aus Valeries Club tragen das gleiche blaue Lederarmband.
- Maja hat sich eigentlich auch so ein Armbändchen gewünscht. Aber nun nicht mehr. Erkläre, warum.
- Hast du schon einmal ein Freundschaftsbändchen bekommen oder verschenkt?
- Welche anderen Möglichkeiten gibt es, wenn man zeigen möchte, dass man miteinander befreundet ist?
- Was denkst du über solche Zeichen der Freundschaft?
- Gibt es einen Unterschied zwischen einem Club- und einem Freundschaftsband?

Maja und Fine hocken in der Pause bei den Jungen aus ihrer Klasse.
- Verbringen in eurer Klasse auch Jungen und Mädchen die Pause miteinander?
- Gibt es typische Spiele oder Verhaltensweisen der Mädchen bzw. der Jungen?
- Was gefällt dir daran (nicht)?
- Mit wem bist du gerne in der Pause zusammen? Was macht ihr dann?

Hinweise zu den Kopiervorlagen

Wer sagt was?
Auf diesem Blatt finden die Schüler sieben Aussagen aus den ersten drei Kapiteln des Buches, die verschiedenen Figuren zugeordnet werden sollen. Einige Zitate können aufmerksame Leser sicher ohne einen erneuten Blick in die Lektüre richtig markieren, bei anderen hilft das Querlesen.

Lösung
Fine (grün): „Die vier wollen nicht, dass man sie versteht. Ist doch logo!"/„Die meisten Clubs stellen irgendwelche Regeln auf."
Maja (rot): „Genau das will Valerie doch: ein Publikum für ihre Zirkusvorstellung!"/„Das nervt!"/„Also, ich stell es mir schon irgendwie toll vor, Geheimnisse zu teilen."
Majas Mutter (gelb): „Diese ganze Geheimnistuerei und das plötzliche Schweigen, wenn jemand anderes dazukommt … Das alles war nie mein Ding."
Valerie (blau): „Ist doch viel spannender als ein doofer Dackel oder eine träge Katze …"

Wer ist wer?
Zu Beginn der Lektüre werden zahlreiche Figuren vorgestellt und charakterisiert, die in der Geschichte eine Rolle spielen. Jeder Schüler sucht sich eine Person aus und gestaltet den Körperumriss entsprechend der Informationen aus dem Text. Für die Charakterisierung eignen sich besonders Maja, Fine, Valerie und Majas Mutter. Die Kinder malen die Figur an und schreiben verschiedene Eigenschaften dazu. Wenn sie den Namen der Figur noch nicht eintragen, können die Schüler ihre Figuren anschließend in Rätselform der Klasse vorstellen.

Mithilfe der Figuren lassen sich Beziehungen der Personen untereinander verdeutlichen (siehe auch folgende Kopiervorlage) oder Szenen nachspielen. Dann bietet es sich an, den Umriss auf Tonpapier oder Fotokarton zu kopieren und auszuschneiden. Im Laufe der Lektüre können die Schüler auch weitere Informationen (mit anderer Farbe) ergänzen, um Veränderungen oder Entwicklungen zu verdeutlichen. Ausweitend vergleichen sich Ihre Schüler mit der von ihnen gewählten Figur: Welche Gemeinsamkeiten und Unterschiede gibt es? Was finde ich gut/nicht so gut an ihrem Verhalten?

Beispiellösung

Maja: mag Katzen, Lieblingsfach: Kunst, beste Freundin: Fine, mag Valerie nicht
Fine: heißt eigentlich Josefine, beste Freundin: Maja, sammelt Pinguine, geht gerne in den Zirkus (vgl. 5. Kapitel)
Valerie: mag Schlangen, trägt auffallende Klamotten, spielt den Superstar, gibt gerne den Ton an
Majas Mutter: Übersetzerin von Beruf, ist nicht gerne Hausfrau

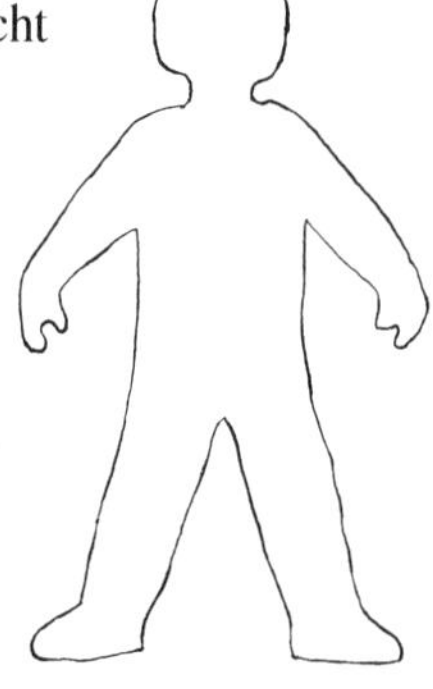

KV Seite 24

In Beziehung

Mithilfe dieses Diagramms stellen die Schüler den Verlauf der Beziehungen unterschiedlicher Figuren zur Protagonistin grafisch dar. Beispielsweise kann so verdeutlicht werden, dass es auch mit der besten Freundin nicht immer harmonisch verläuft oder die Beziehung zwischen Eltern und Kind manchmal Schwankungen unterliegt. Die Schüler wählen zwei Figuren aus der Geschichte aus, beurteilen nach jedem Kapitel die Beziehung zu Maja und markieren ihre Beobachtungen mit einem Kreuz in der Grafik. Eine gute Beziehung wird dabei durch eine Markierung ausgedrückt, die sich nah bei der Linie befindet, an der „Maja" steht. Verschlechtert sich das Verhältnis, rückt das Kreuz weiter von der Linie weg. Dann verbinden die Kinder die Punkte jeweils mit einer Linie, sodass der Verlauf deutlich wird. Unterschiedliche Farben pro Figur dienen der besseren Orientierung.

Wichtig ist im Anschluss die gemeinsame Auswertung in der Klasse. Gibt es verschiedene Einschätzungen? Gibt es auch Beziehungen, die beständig verlaufen? Weiterführend können die Erkenntnisse in Bezug zu eigenen Erfahrungen der Kinder gesetzt werden, z. B.: Hast du auch Beziehungen, die starken Schwankungen unterworfen sind, und solche, die eher gradlinig verlaufen? Welche sind dir lieber bzw. wichtiger?

Beispiellösung

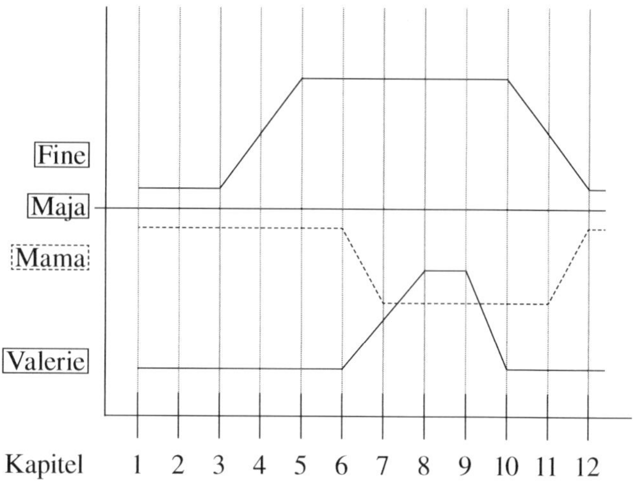

KV Seite 25

Mein Lieblingstier

Die Kinder erstellen einen Steckbrief zu ihrem Lieblingstier. Die Aufgabe kann gemeinsam am Beispiel von Fines Lieblingstier, dem Pinguin, erarbeitet werden. Tierlexika und das Internet bieten Ihren Schülern Informationsquellen. Die Kinder können den Steckbrief durch Fotos, Bilder, Zeitungsausschnitte, Hinweise auf Tierparks etc. ergänzen. Im Plenum stellen sie ihr Lieblingstier begründend vor. Leistungsstärkere Schüler weiten den Steckbrief zu einem Referat aus oder entwerfen ein Plakat. Die vorgestellten Tiere können miteinander verglichen werden.

Laden Sie, um das Thema noch anschaulicher zu gestalten, Experten zu einem Vortrag mit anschließender Fragerunde ein. Vielleicht ist unter den Eltern der Schüler ein Tierpfleger oder ein Tierarzt, der kompetent darüber berichten kann, was verschiedene Haustiere brauchen und wie man sie richtig hält. Alternativ können Sie den Kindern nach Rücksprache mit den Eltern erlauben, ihre eigenen (Haus-)Tiere mit in den Unterricht zu bringen.

KV Seite 26

Haustier Schlange?

Valerie prahlt damit, dass sie sich später einmal eine Schlange als Haustier zulegen möchte. Aufbauend auf dem Vorwissen der Kinder über Haustiere allgemein bietet das Arbeitsblatt eine Grundlage, um in der Klasse über das Für und Wider der heimischen Haltung von Schlangen zu diskutieren. Mithilfe von Sachbüchern oder dem Internet können sich die Schüler weitere Informationen beschaffen. Vielleicht haben Sie auch die Möglichkeit, einen Experten (evtl. aus einer Tierhandlung) in die Schule einzuladen. Wichtig ist auf jeden Fall, auf die Gefahr hinzuweisen, die von einer Schlange ausgeht.

Informationen zur Haustierhaltung allgemein sowie zur Haltung von Reptilien erhalten Sie beispielsweise unter *www.haustierratgeber.de* und *www.haustierseiten.de*. Zum Thema „Herzenswunsch Haustier“ eignet sich folgender Artikel: *www.helles-koepfchen.de/wissen/ratgeber-und-tipps/haustier-herzenswunsch.html*.

Lösung

Aufgabe 1:

Schlangen werden in Terrarien gehalten. Sie fühlen sich warm und nicht glitschig an. Die Tiere leben lieber in ihrer natürlichen Umgebung als in einem Glaskasten.

Aufgabe 3:

Wie erbeuten Schlangen ihre Nahrung? (gelb): Giftschlangen töten ihre Beute mit dem Gift aus ihren Giftzähnen. Würgeschlangen hingegen wickeln sich um das Beutetier und erwürgen es.

Wie muss man eine Schlange als Haustier halten? (blau): Eine Schlange muss in einem ihrer Größe angepassten Terrarium mit Klettermöglichkeit und einem Versteck gehalten werden. Zudem müssen Licht, Temperatur und Luftfeuchtigkeit geregelt werden. Als Nahrung für die Reptilien dienen je nach Vorlieben Heuschrecken, Schaben, Mäuse oder Kaninchen.

Was spricht gegen eine Schlange als Haustier? (grün): Sie sind nicht ungefährlich, viele Arten stehen unter Schutz und außerdem ist es sehr schwierig, diese exotischen Tiere wirklich artgerecht zu halten.

KV Seite 27

Geheimclub

Valerie gründet einen Geheimclub, für den bestimmte Regeln gelten. Im Text wird ganz allgemein beschrieben, woran man einen Club erkennt. Ihre eigenen lustigen, absurden oder zu einem Motto passenden Regeln sollen sich die Kinder bei der zweiten Aufgabe ausdenken und diese dann vorstellen.

Majas Mutter sieht Clubs kritisch. Die dritte Aufgabe soll die Klasse deshalb anregen, über das Pro und Kontra eines Geheimclubs zu diskutieren. Mögliche Leitfragen dazu sind:

- Fördert so ein Club das Zusammengehörigkeitsgefühl?
- Wie fühlt es sich an, wenn man (nicht) dazugehört?
- Warum dürfen nicht alle mitmachen?
- Welche Art von Club findest du (nicht) gut?

Weiterführend bieten sich folgende Gesprächsanlässe an:

- Welche berühmten Clubs kennst du? (z. B. Tigerenten Club, Mädchenclub, Conni-Club)
- Hast du eigene Erfahrungen als Mitglied eines Clubs?
- Welche anderen Namen für Clubs kennst du? (z. B. Clique, Bande)
- Befrage deine Eltern, Verwandten oder Bekannten: Haben sie in ihrer Jugend Erfahrungen mit Clubs gemacht? Welche? Wie ist ihre Einstellung zu Clubs?

Lösung

Aufgabe 1:

Geheimclub
- (teilweise absurde) Clubregeln, die für alle gelten (z. B. nur auf der linken Straßenseite gehen)
- Clubmaskottchen
- Mitglieder schwören sich ewige Treue
- teilweise Motto (z. B. Einer für alle, alle für einen.)

Ein berühmter Apache

Maja erzählt, dass sich ihre Oma früher sehr gerne Winnetou-Filme im Fernsehen angesehen hat. Die meisten Erwachsenen kennen wohl die von Karl May erfundene Figur, viele Schüler jedoch vermutlich nicht. Geben Sie den Kindern die Aufgabe, bei ihren Eltern, Großeltern, älteren Verwandten oder Nachbarn nachzufragen, wer etwas über Winnetou erzählen kann (vgl. Aufgabe 3).

Als Einstieg bietet sich auch ein Filmausschnitt aus einem der Winnetou-Filme an. Dieser regt sicher zu Gesprächen an: Gab es Winnetou wirklich? Was weißt du über „Indianer“? Warum verwendet man diesen Begriff heute nicht mehr für die indigenen Völker Nordamerikas? Viele detaillierte Informationen finden Sie beispielsweise unter *www.indianerwww.de/index.html*. Die Kinder können beim SWR-Kindernetz recherchieren *(www.kindernetz.de/wissen/indianer-indigene-voelker-nordamerika-100.html)* oder die Suchmaschine von „Blinde Kuh“ nutzen *(www.blinde-kuh.de)*.

Eine Diskussion über die Lebensverhältnisse der Indigenen (damals und heute), das Verhalten der Einwanderer, die Gefahr von „Feuerwasser“ und die häufig klischeehafte Darstellung der Lebensweise in Büchern und Filmen kann sich anschließen. Auch eine Ausweitung des Themas in Form eines Projekts, Museumsbesuchs oder Referats sowie die Vorstellung eines Sach- oder Winnetou-Buches sind denkbar.

Lösung

Aufgabe 1:

Winnetou
Blutsbrüder

Aufgabe 2:
1. ☒ Der Häuptling in einem alten Indianerfilm.
2. ☒ Branntwein bzw. Schnaps.

Weiterführende Anregung
Welche Filme oder Serien seht ihr euch gerne an? Welche Stars mögt ihr? Starten Sie eine Umfrage in der Klasse. Sicher erzählen die Kinder gerne von den aktuellen Trends in ihrer Altersgruppe. Welche Eigenschaften haben ihre Film- und Fernsehhelden? Wie sehen sie aus? Lassen Sie die Schüler ihre Helden mit der Beschreibung von Winnetou vergleichen und Gemeinsamkeiten und Unterschiede herausfinden.

Freundschaftsbändchen
Die Kinder flechten für sich und gegebenenfalls auch als Geschenk für einen Freund ein Lederarmband. Die Bastelanleitung für diesen Schmuck eignet sich sowohl für Mädchen als auch für Jungen, da die Gestaltung je nach Vorlieben abgewandelt werden kann. So können die Schüler auch verschiedenfarbige Lederbänder verwenden und Schmucksteine, Muscheln oder Ähnliches einflechten. Wichtig ist nur, dass die Löcher in den Materialien groß genug für die dünnen Lederbändchen sind.

Vielleicht beherrscht ein Kind aus Ihrer Klasse die Technik, ein „klassisches" Freundschaftsbändchen zu knüpfen, und kann diese an Interessierte weitergeben. Informationen dazu finden Sie auch unter:
- *https://kinder.wdr.de/tv/wissen-macht-ah/bibliothek/dasfamoseexperiment/bewegen/bibliothek-freundschaftsbaendchen-knuepfen-100.html*
- *www.freundschaftsbaender.at/knuepfschule/*
- *www.labbe.de/freundschaftsarmband*

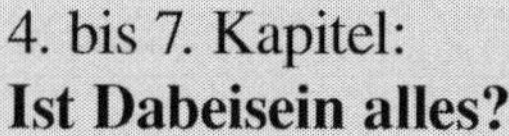

4. bis 7. Kapitel:
Ist Dabeisein alles?

Inhalt

Immer mehr Mädchen aus der Klasse schließen sich dem geheimnisvollen Club an, auch Selina und Tuley, zwei von den ruhigeren Kindern. Sogar Fine interessiert sich zunehmend für die „Wichtigen" aus dem Club und findet deren Geheimsprache ganz lustig. Maja ist verunsichert, weil sie mit ihrer besten Freundin zum ersten Mal nicht einer Meinung ist.

Am Samstag erfährt Maja zufällig davon, dass Fine gerade an einem der geheimen Clubtreffen teilnimmt. Sie ist schockiert und fühlt sich verraten. Heimlich folgt Maja ihrer Freundin zu dem Treffen und beobachtet, wie Selina und Fine sich einem Kiosk nähern. Wenig später rennt Selina panisch davon und Fine rast hinter ihr her. Was ist passiert? Verwirrt geht Maja nach Hause. Eine telefonische Aussprache der Freundinnen am selben Tag scheitert daran, dass Maja Fine massive Vorwürfe macht und das Gespräch dann beendet.

Auch am Montag können sich die beiden Mädchen nicht aussprechen, weil Fine Windpocken bekommt. Überraschenderweise lädt Valerie Maja zum nächsten Clubtreffen ein. Offenbar braucht sie, wie Maja vermutet, „die Anerkennung anderer wie die Luft zum Atmen". Was soll Maja tun? Neugierig ist sie ja schon …

Gesprächs- und Schreibanlässe

Maja, Fine und Pablo gehen donnerstags schwimmen.
- Kannst du (gut) schwimmen? Hast du ein Schwimmabzeichen?
- Schwimmst du gerne?
- Treibst du einen anderen Sport? Was gefällt dir daran?

Am Samstag geht Maja immer mit ihrem Vater auf den Markt. Von dem Club will sie ihm aber nicht erzählen.
- Gibt es bestimmte Dinge, die du regelmäßig nur mit deinem Vater oder deiner Mutter unternimmst?
- Mit wem sprichst du über deine Gefühle, Sorgen oder Ängste?

Majas Mutter wollte ihrer Tochter einen Spielgefährten aufdrängen.
- Warum dachte die Mutter, dass sich Maja mit Marvin verstehen würde?
- Was hat Maja an Marvin gestört?

Eigentlich wollte Maja mit ihrem Vater und Fine in den Zirkus gehen.
- Warum gehen sie doch nicht?
- Warst du schon einmal im Zirkus?
- Welche Darbietung hat dich besonders beeindruckt?
- Hast du schon einmal davon geträumt, selbst im Zirkus aufzutreten? Als was?

Maja erzählt niemandem von ihren Beobachtungen auf dem Marktplatz.
- Warum erzählt sie ihrer Mutter nichts davon?
- Wie fühlt es sich an, wenn man ein Geheimnis mit sich herumträgt?
- Hättest du an Majas Stelle der Mutter etwas erzählt?

- Würde es Maja helfen, mit jemandem über all die Vorkommnisse zu sprechen?

„Valerie scheint ja Taschengeld ohne Ende zu bekommen."
- Warum stellt Maja diese Vermutung an?
- Bekommst du auch Taschengeld? Bist du mit dem Betrag zufrieden?
- Was machst du mit deinem Taschengeld? Sparst du etwas oder gibst du meistens alles aus?

Hinweise zu den Kopiervorlagen

Welches Wort stimmt?
Auf diesem Blatt finden die Schüler Zitate aus den Kapiteln 4 bis 7 des Buches. Da hier nah am Text gearbeitet wird, liegt es in zwei Varianten vor. Von jeweils drei zur Wahl gestellten Begriffen innerhalb der Zitate muss der markiert werden, der dem Buchtext entspricht. Ein Lösungswort ermöglicht die Selbstkontrolle.

Lösung (Level 1 und 2 / Level 3)
Aufgaben 1 und 2:
Lösungswort: TULEY

Geheimsprache
Sogar im Unterricht verständigen sich die Mitglieder von Valeries Club mithilfe ihrer Geheimsprache. Maja versteht nichts, aber Fine hat den Code bald entschlüsselt. Sicher kennen auch einige Kinder Ihrer Klasse bereits Geheimsprachen und können von eigenen Erfahrungen berichten.

Gemeinsam kann die Klasse die Zeichensprache aus der Lektüre erlernen und sich damit verständigen. Das Zusammengehörigkeitsgefühl derer, die die Sprache verstehen, macht den Reiz von verschlüsselten Nachrichten aus. Allerdings drängt sich in Anlehnung an die Geschichte die Frage auf, wie es wohl demjenigen ergeht, der die Sprache nicht versteht (vgl. Aufgabe 3).

Weitere Beispiele für „Geheimsprachen" sind Wasserzeichen, 1337 (Leetspeak), Gebärdensprache und Rauchsignale indigener Völker. Vielleicht sind einige Schüler daran interessiert, eine dieser verschlüsselten Sprachen zu erlernen und dann an die Klasse weiterzugeben.

Lösung
Aufgabe 1:
Jeder einzelne Buchstabe wird mit den Fingern geformt, das „I" z. B. mit einem erhobenen Zeigefinger (Level 3), das „M" mit drei Fingern der rechten Hand im Handteller der linken.

Dabeisein
Jeder kennt das Gefühl, dazugehören zu wollen, und wohl auch die Enttäuschung, es leider nicht zu schaffen. Deshalb soll dieses Arbeitsblatt Anlass sein, nicht nur über die konkrete Situation von Maja und Fine in der Geschichte zu sprechen, sondern auch die Erfahrungen der Schüler zu sammeln, zu reflektieren und nach Lösungen zu suchen. Ein anschaulicher Einstieg in ein solches Gespräch kann eine szenische Darstellung sein, die auf Schlüsselstellen aus dem Buch basiert. Die unterschiedlichen Gefühle der Figuren können so gut herausgearbeitet und diskutiert werden.

Als Weiterführung können Sie Pablos Rolle in der Geschichte hinterfragen, z. B.: Warum interessiert ihn (zu diesem Zeitpunkt) Valeries Club nicht so sehr wie Maja und Fine? Wie würde es ihm wohl ergehen, wenn es eine geheime Jungenbande in der Klasse gäbe, zu der er nicht gehört?

Lösung
Aufgabe 1:

1. Maja hat Angst, dass der Club die Klasse spaltet.

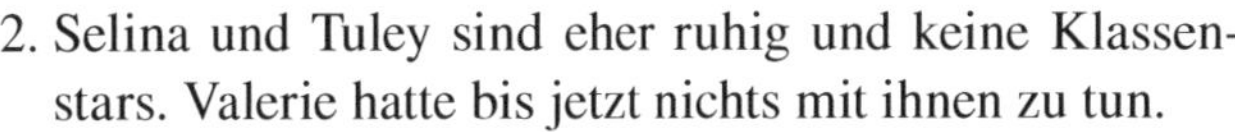
2. Selina und Tuley sind eher ruhig und keine Klassenstars. Valerie hatte bis jetzt nichts mit ihnen zu tun.
3. Sie gehört nun auch zu den „Wichtigen" in der Klasse.

Aufgabe 2:

Ein besonderes Picknick
Valerie veranstaltet ein „Pink Picknick", bei dem jeder etwas Rotes oder Pinkfarbenes zu essen mitbringt. Womöglich finden vor allem einige Jungen aus Ihrer Klasse diese Idee etwas kitschig oder „mädchenhaft". Sie haben hier die Möglichkeit, ein Picknick mit selbst gewähltem Motto zu gestalten (und anschließend vielleicht sogar durchzuführen). Dabei können die Kinder mit einem Partner zusammenarbeiten und auch Fotos, gemalte Speisen, Servietten oder Dekoartikel für die Collage verwenden. Mögliche Mottos sind: „Schwarz-weiß", „Aus dem All", „Zu Omas Zeiten", „Nur für Jungs", „Frankreich" oder „Gesund und fit".

Zum Abschluss gestalten die Schüler eine Ausstellung im Klassenzimmer. Nacheinander nennen sie ihr Motto und ordnen ihre Decke begründend zu.

Lösung

Aufgabe 1:

Zu einem „Pink Picknick“ bringt jeder etwas Rotes oder Pinkes zu essen oder zu trinken mit. Passende Beispiele sind Erdbeermilch und rote Paprika.

Aufgabe 2:

Im Winter – Bei den Rittern – In England

Meine Geburtstagsparty

Sprechen Sie einleitend mit Ihrer Klasse über normale und außergewöhnliche Geburtstagsfeiern. Die Kinder äußern ihre Erfahrungen und ihre Meinung dazu. Wahrscheinlich geben sich die meisten Schüler in diesem Alter nicht mehr mit „den üblichen drei Ks“ zufrieden. Auf dem Blatt können sie ihre Wünsche in Bezug auf eine gelungene Geburtstagsparty festhalten. Stellen Sie den Kindern die Gestaltung des Bildes frei. Je nach Zeit- und Materialaufwand können sie malen, eine Collage erstellen oder ein Foto einkleben. Danach stellen die Schüler ihre Vorlieben begründend vor.

Den Abschluss kann eine Diskussion im Plenum bilden: Was macht eine Party besonders? Eine außergewöhnliche (und vielleicht auch kostenintensive) Aktion, der Ort, die Gäste, die Stimmung, die Musik, das Essen, die Art oder Größe der Geschenke oder Gastgeschenke? Hier können Sie den Bezug zur Lektüre noch einmal herstellen und mit Valeries Geburtstagsfeiern vergleichen. Sicher kommt es auch darauf an, ob man Gast oder Gastgeber der Feier ist.

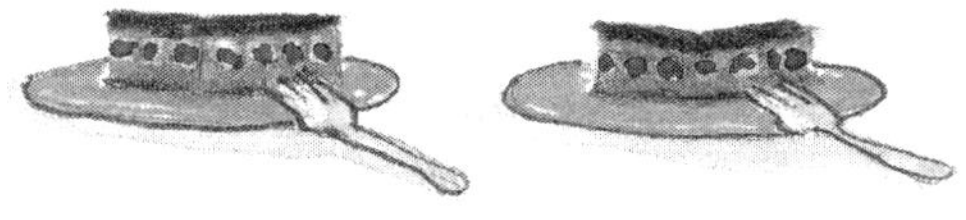

Die Einheit bröckelt

Auf diesem Blatt, das in zwei Varianten vorliegt, beschäftigen sich die Kinder mit Majas Gefühlschaos: Sie kann Fines Verhalten nicht fassen und fühlt sich von ihrer Freundin verraten. In der ersten Aufgabe wird zunächst nah am Buchtext gearbeitet. Die Schüler tragen Schlüsselbegriffe wie „Einheit“, „Geheimnisse“ und „Freundschaft“ ein.

Beim Vergleich von Mädchen- und Jungenfreundschaften soll es nicht darum gehen, Klischees zu bedienen. Unterschiedliche Auffassungen und Erfahrungen sollten im Unterrichtsgespräch nebeneinander stehen gelassen werden. Auch das Thema „von einem Freund oder einer Freundin nicht eingeweiht werden“ kann im Gespräch vertieft werden: Was können die Gründe für ein solches Verhalten sein? Wie sollte man darauf reagieren?

Lösung Seite 36 (Level 1 und 2)

Aufgabe 1:

Fine ist zu einem Treffen von Valeries Club gegangen! Hinter meinem Rücken! Ohne mir vorher ein Sterbenswörtchen zu sagen! Fine und ich, das war doch immer ... eine Einheit! Nie hatten wir Geheimnisse voreinander! Und jetzt hat Fine unsere Freundschaft verraten. Für das Gefühl, endlich zu den Wichtigen in der Klasse zu gehören. (...) Mädchen vergessen nicht, sich von so einer Verabredung zu erzählen. Niemals!

Aufgabe 2:

z. B.

Mädchenfreundschaften	Jungenfreundschaften
bekräftigen die Freundschaft (z. B. durch kleine Geschenke)	messen sich miteinander (durch Sport, Rangeln, Computerspiele)
viele Gespräche, vertraut	oft ohne viele Worte
teilweise sehr eng („beste Freundin“)	meist nicht so eng („Kumpel“)

Lösung Seite 37 (Level 3)

Aufgabe 1:

Fine ist zu einem Treffen von Valeries Club gegangen! Hinter meinem Rücken! Ohne mir vorher ein Sterbenswörtchen zu sagen! (...) Fine und ich, das war doch immer ... eine Einheit! Nie hatten wir Geheimnisse voreinander! Und jetzt? Jetzt hat Fine unsere Freundschaft verraten. Für das Gefühl, endlich zu den Wichtigen in der Klasse zu gehören. (...) Mädchen vergessen nicht, sich von so einer Verabredung zu erzählen. Niemals!

Aufgabe 2:

siehe Lösung zu Level 1 und 2

In Valeries Fahrwasser

Katja Reider verwendet in ihrer Geschichte viele bildhafte Ausdrücke. Das Bild von Fine im Boot, die Valerie nachsegelt und sich dabei von Maja immer weiter entfernt, zeigt deutlich, wie alleingelassen Maja sich fühlt. Zur Lösung der ersten Aufgabe ziehen die Kinder ggf. Lexika, Sammlungen mit Redewendungen oder Suchmaschinen im Internet heran. Die grafischen Umsetzungen aus Aufgabe 2 sollten gemeinsam besprochen werden, bevor es abschließend um eigene Erfahrungen der Kinder geht.

Lösung

Aufgabe 1:

z. B. Fine ist unter den Einfluss von Valerie geraten und wird von diesem Weg nur schwer abzubringen sein.

Aufgabe 2:

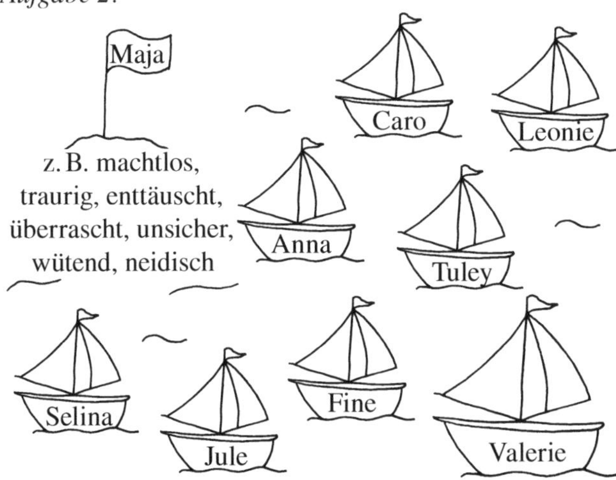

KV Seite 39

Selinas Aufgabe

Selina muss als Mutprobe am Kiosk etwas klauen. Maja vermutet dies bereits, als sie die Szene im 6. Kapitel aus ihrem Versteck beobachtet. Restlos geklärt wird die Situation aber erst im 9. Kapitel.

Das Arbeitsblatt fordert von den Kindern, diesen Teil der Geschichte noch einmal genau unter die Lupe zu nehmen, und trainiert somit das sinnentnehmende Lesen. Leistungsschwächere Schüler arbeiten mit einem leistungsstärkeren Partner. Schnelle Leser können auch selbst (ggf. am Computer) eine ähnliche Aufgabe entwickeln, die sie der Klasse als Differenzierungsangebot zur Verfügung stellen.

Lösung

1. ☒ Stimmen und Schritte kommen näher.
2. ☒ Maja hofft, dass die beiden sie nicht entdecken.
3. ☒ Vor lauter Aufregung vergessen sie, das Tor richtig zuzumachen.
4. ☒ Maja krabbelt aus ihrem Versteck und läuft den beiden Mädchen nach.
5. ☒ Selina alleine zum Kiosk läuft und die Auslagen betrachtet.
6. ☒ plötzlich rast Selina mit rotem Kopf über den Marktplatz und Fine hinterher.
7. ☒ sondern geht mit vielen Fragen im Kopf nach Hause.

KV Seite 40

Und jetzt?

Maja muss nach ihren verwirrenden Beobachtungen unbedingt mit ihrer Freundin sprechen. Deshalb ruft sie bei Fine an. Das Gespräch scheitert jedoch. Dieses Arbeitsblatt dient zum einen der Übung des genauen, sinnerschließenden Lesens. Es bietet aber auch die Möglichkeit, die widersprüchlichen Emotionen, die Maja durchlebt, zu thematisieren und darüber nachzudenken, warum sie sich nach dem Gespräch mit Fine noch schlechter fühlt als davor. Ergiebig kann es in diesem Zusammenhang sein, die Szene mit verteilten Rollen nachzuspielen und im Anschluss Alternativen auszuprobieren: Hätte Maja besser anders reagieren sollen? Wie hätte sich dies auf den Fortgang des Romans ausgewirkt?

Eventuell muss der englische Begriff „Loser“, der in Aufgabe 2 aufgegriffen wird, erklärt werden. Weiterführend können Sie mit der Klasse noch andere (in der Jugendsprache) gängige Anglizismen sammeln, notieren und erklären. Die dritte Aufgabe soll die Kommunikation in der Klasse über das Thema „Umgang mit Stress bzw. Wut“ anregen. Wenn Sie die Vorschläge der Schüler auf einem Plakat festhalten, können sie diese als Gedankenstütze für Stress- oder Konfliktsituationen in der Schule nutzen.

Lösung

Aufgabe 1:

Fine = grau unterlegt

5	„Keine Zeit!“
3	„Und warum? Wolltest du mir erzählen, dass du dich mit Valerie und den anderen getroffen hast? Dass du jetzt auch zum Club der Wichtigen gehörst?“
1	„Maja! Hallo! Ich wollte dich auch gerade anrufen!“
4	„Ja, das heißt: nein! Ich … Ach, Maja, ich muss dir das alles in Ruhe erklären. Das geht nicht so am Telefon. Können wir uns nicht heute Abend noch treffen?“
2	„So? Tatsächlich?“

Aufgabe 2:

Diese Aussagen sollen durchgestrichen werden:
Sie freut sich, dass sie nun ihre Ruhe hat.
Sie erzählt ihrer Mutter von den Erlebnissen am Nachmittag.

Valerie und Maja

Valerie kommt unerwartet auf Maja zu und lädt sie zu einem Geheimclubtreffen ein. Auf dem Arbeitsblatt beschäftigen sich die Schüler intensiv mit dieser wichtigen Textstelle. Die erste Aufgabe ist ein Abschreibtraining von inhaltlich wichtigen Sätzen. Weisen Sie die Schüler darauf hin, auf die Zeichensetzung der wörtlichen Rede zu achten, und legen Sie auf die Kontrolle und ggf. die Überarbeitung besonderes Augenmerk. Leistungsschwächeren Kindern können alle Begriffe genau wie im Buch angeboten werden: aufregend – aufregende, ertragen – erträgt. Leistungsstärkere Schüler suchen weitere Wörter und dazugehörige Sätze für einen Partner aus und notieren diese.

Je nach Wortschatz und Sprachvermögen der Kinder bietet es sich an, die zweite Aufgabe im Klassenverband zu erarbeiten. Die Redewendungen können auch zeichnerisch umgesetzt oder um weitere Beispiele ergänzt werden.

Lösung

Aufgabe 1:

Seitenwechsel: Klar, dass Valerie/sie mir Fines Seitenwechsel direkt unter die Nase reibt.

blöd: „Aber ich finde es (ziemlich) blöd, dass du etwas ablehnst, das du gar nicht kennst."

aufregend: „Wir machen auch (richtig spannende,) echt aufregende Sachen."

wirklich, dass: „Du willst wirklich, dass ich zu einem eurer Treffen komme?"

ertragen: Valerie erträgt es (einfach) nicht, dass sie etwas tut, was nicht alle supertoll finden.

Aufgabe 2:

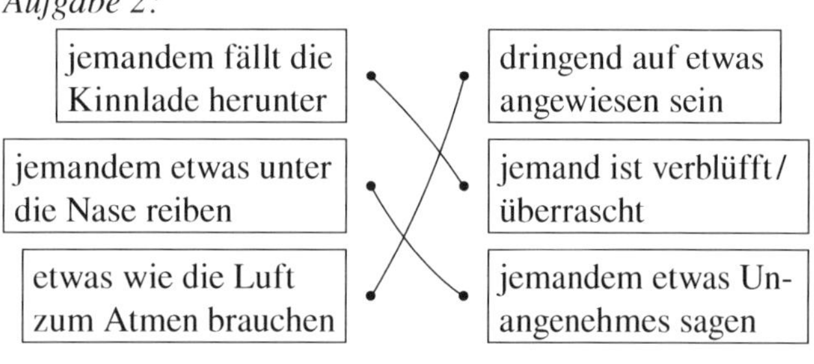

8. bis 12. Kapitel: **Das ist echt mutig!**

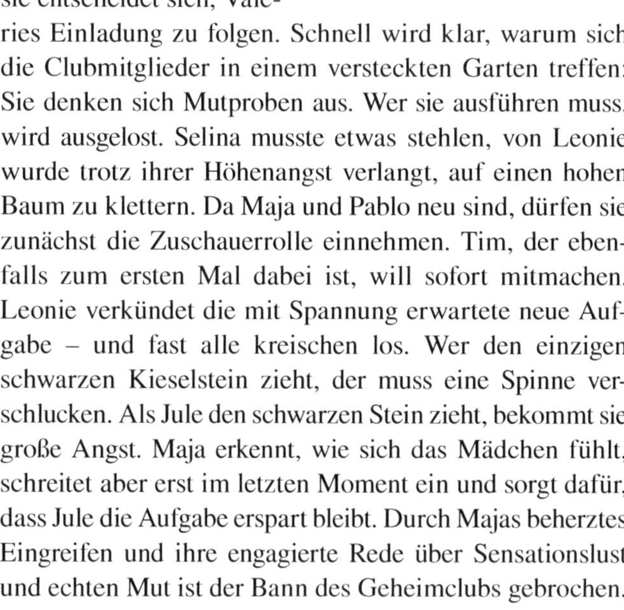

Inhalt

Obwohl Maja nervös ist, siegt ihre Neugier und sie entscheidet sich, Valeries Einladung zu folgen. Schnell wird klar, warum sich die Clubmitglieder in einem versteckten Garten treffen: Sie denken sich Mutproben aus. Wer sie ausführen muss, wird ausgelost. Selina musste etwas stehlen, von Leonie wurde trotz ihrer Höhenangst verlangt, auf einen hohen Baum zu klettern. Da Maja und Pablo neu sind, dürfen sie zunächst die Zuschauerrolle einnehmen. Tim, der ebenfalls zum ersten Mal dabei ist, will sofort mitmachen. Leonie verkündet die mit Spannung erwartete neue Aufgabe – und fast alle kreischen los. Wer den einzigen schwarzen Kieselstein zieht, der muss eine Spinne verschlucken. Als Jule den schwarzen Stein zieht, bekommt sie große Angst. Maja erkennt, wie sich das Mädchen fühlt, schreitet aber erst im letzten Moment ein und sorgt dafür, dass Jule die Aufgabe erspart bleibt. Durch Majas beherztes Eingreifen und ihre engagierte Rede über Sensationslust und echten Mut ist der Bann des Geheimclubs gebrochen. Nur zwei Mädchen bleiben bei Valerie, während alle anderen den wilden Garten verlassen.

Maja erzählt schließlich ihrer Mutter von dem Club und erfährt, dass Valerie voraussichtlich die Schule verlassen wird, weil sie umzieht. Nun steht auch einer Versöhnung und einem offenen Gespräch mit Fine nichts mehr im Weg. Maja ist erleichtert und glücklich, obwohl jetzt offenbar sie sich mit Windpocken angesteckt hat.

Gesprächs- und Schreibanlässe

Als Maja zu dem Treffen geht, beginnt es in ihrer Magengrube leise zu kribbeln.

- Kennst du dieses Gefühl der Unsicherheit? Beschreibe.
- In welchen Situationen ist es dir schon einmal so ergangen?

Tim und Pablo folgen der Mädchengruppe in einigem Abstand.

- Warum sind die Jungen zum Clubtreffen gekommen?
- Erkläre, warum sich die beiden etwas zurückhalten.
- Würden Mädchen wohl genauso reagieren, wenn sie zu einem geheimen Treffen von Jungen gehen?

Jule muss die heutige Aufgabe erfüllen.

- Wie ergeht es Jule? Beschreibe ihr Verhalten und ihre Gefühle.
- Wie hättest du reagiert?
- Ist es dir auch schon einmal so ergangen? In welcher Situation?

Maja ist während der Spinnensuche wie gelähmt.

- Warum weiß Maja, dass sie eigentlich etwas unternehmen müsste?
- Wieso gelingt ihr das nicht?
- Gab es Situationen, in denen es dir ähnlich ergangen ist?

Endlich reagiert Maja und ruft: „Halt!“

- Warum schreitet Maja plötzlich ein?
- Beurteile ihr Verhalten.
- Wie hättest du an Majas Stelle reagiert?
- Wie reagieren die anderen Teilnehmer des Treffens?

„Ihr zwei macht ja sonst immer alles zusammen.“

- Wie kann eine enge Freundschaft auf Außenstehende wirken?
- Sollten beste Freundinnen offen sein für Kontakte nach außen?
- Erzähle von deinen eigenen Erfahrungen. Beschreibe auch deine Gefühle.

Am Ende erzählt Maja ihrer Mutter die ganze Geschichte.

- Warum tut es gut, sich manche Dinge von der Seele zu reden?
- Wem kannst du solche „Geschichten“ erzählen?
- „Es geht um Macht über andere.“ Was meint Majas Mama damit? Stimmst du ihr zu?

Majas Mutter glaubt, dass Valerie wegziehen wird.

- Wie verändert sich dann wohl die Situation in der Klasse?
- Was halten die Kinder aus der Klasse davon? Stellt Vermutungen an.
- Wie könnte es mit Valerie weitergehen?

Hinweise zu den Kopiervorlagen

Zu wem passt das?

Vier Aussagen von Figuren aus dem Buch, die mit den Ereignissen der letzten Kapitel zu tun haben, aber nicht genau so in der Geschichte vorkommen, müssen richtig zugeordnet werden. Wer die entsprechenden Kapitel aufmerksam gelesen hat, kann hier ohne nochmaligen Blick ins Buch arbeiten.

Lösung

Leonie: „Tja, das war schon ein blödes Gefühl, als ...“
Tim: „Am Anfang war es mir peinlich, zu diesem ...“
Jule: „Puh, bin ich froh, dass die Sache mit ...“
Fine: „Mensch, bin ich froh, dass meine beste ...“

Windpocken

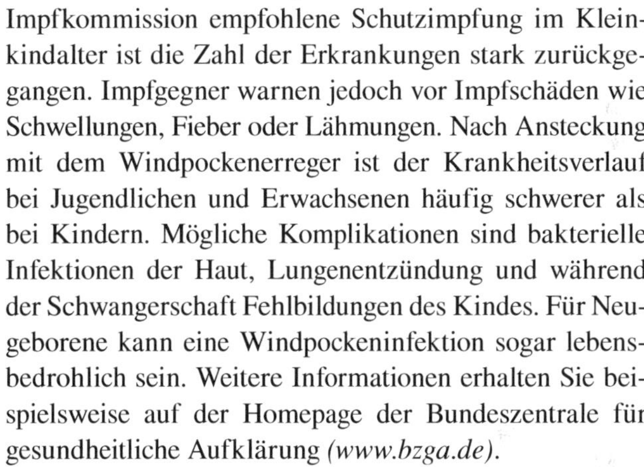

Windpocken zählen neben Masern, Mumps, Röteln oder Scharlach zu den sogenannten Kinderkrankheiten. Die Erreger dieser Krankheiten sind sehr verbreitet und hoch ansteckend, weshalb viele Erwachsene bereits im Kindesalter daran erkrankt sind. Durch die von der Ständigen Impfkommission empfohlene Schutzimpfung im Kleinkindalter ist die Zahl der Erkrankungen stark zurückgegangen. Impfgegner warnen jedoch vor Impfschäden wie Schwellungen, Fieber oder Lähmungen. Nach Ansteckung mit dem Windpockenerreger ist der Krankheitsverlauf bei Jugendlichen und Erwachsenen häufig schwerer als bei Kindern. Mögliche Komplikationen sind bakterielle Infektionen der Haut, Lungenentzündung und während der Schwangerschaft Fehlbildungen des Kindes. Für Neugeborene kann eine Windpockeninfektion sogar lebensbedrohlich sein. Weitere Informationen erhalten Sie beispielsweise auf der Homepage der Bundeszentrale für gesundheitliche Aufklärung *(www.bzga.de)*.

Wahrscheinlich haben die meisten Schüler schon Erfahrungen mit Kinderkrankheiten gemacht. Sammeln Sie diese im Plenum. Visualisieren Sie die Ergebnisse: Auf einem karierten Blatt notieren die Kinder die einzelnen Krankheiten zunächst untereinander und fragen anschließend der Reihe nach ab, wer schon einmal daran erkrankt war. Für jeden Schüler, der sich meldet, malen sie ein Kästchen hinter der jeweiligen Krankheit an. Werten Sie das Balkendiagramm gemeinsam aus: Welche Kinderkrankheit hatten die meisten Schüler? Welche kam nur selten vor?

Lösung

Aufgabe 2:

Kennzeichen (grün): Fieber und Müdigkeit, dann tritt der typische, stark juckende Hautausschlag auf.
Ansteckung (blau): Viren werden durch kleine Tröpfchen, z. B. durch Husten oder Niesen übertragen. (...) Bläschenflüssigkeit ebenfalls sehr ansteckend
Schutz (gelb): zweiteilige Impfung im Kindesalter

Aufgabe 4:
z. B. Röteln, Keuchhusten, Mumps, Masern, Scharlach, Kinderlähmung

Was denn für Aufgaben?
Dieses Blatt beschäftigt sich mit den Rahmenbedingungen der Mutproben. Die Schüler sollen die Spielregeln bewerten und diskutieren. Auch die Aussagen der Mädchen werden reflektiert: Sagen alle die Wahrheit? Lassen Sie Selinas Aussage und ihr Verhalten vergleichen. Was denkt Maja über die Gesprächsbeiträge der anderen Mädchen? Was meint Jule mit ihrer Aussage „Man erfährt unheimlich viel über sich selber"? Weiterführend können Sie über die Themen Gruppenzwang, Dabeisein-Wollen, Anführer/Mitläufer diskutieren.

Lösung
Aufgabe 1:
Wer seine Aufgabe erledigt hat, denkt sich eine neue aus.
Man darf sich nicht drücken.
Wer als Nächster drankommt, wird mit verschiedenfarbigen Steinen ausgelost.

Aufgabe 2:
Jule: „Na ja, wir testen uns, stellen uns gegenseitig auf die Probe."
„Ja, so erfährt man unheimlich viel über sich selber."
Tuley: „Dass man mutiger ist, als man denkt. Das ist toll, echt!"
Selina: „Drücken gilt nicht. Sonst macht's ja keinen Spaß!"
Tuley: „Ist ein gutes Gefühl, wenn du es geschafft hast."

Mutproben
Knüpfen Sie an die Mutproben an, die die Mitglieder des Geheimclubs bestehen müssen. Welche der Aufgaben (auf einen hohen Baum klettern, etwas stehlen, eine Spinne verschlucken) empfinden Ihre Schüler als leicht, welche als schwer? Teilen Sie dann das Arbeitsblatt aus. Die Kinder bewerten zunächst Valeries Aussage, mit der sie die Mutproben rechtfertigt.

Stellen Sie sicher, dass alle Schüler wissen, worum es bei den in Aufgabe 2 aufgeführten Mutproben geht. Anschließend entscheidet jedes Kind für sich, welche „Aufgabe" es ausführen würde.

Bereiten Sie Wortkarten mit einigen der Mutproben vor. Die Schüler bilden zu jeder Wortkarte zwei Gruppen („Würde ich machen"/„Würde ich nicht machen") und begründen ihre Auswahl. So wird sicher schnell klar, dass die Einschätzung sehr subjektiv ist. Natürlich spielt auch die konkrete Situation, in der das Verhalten eingefordert wird, eine große Rolle.

Bewusst wurden auch Mutproben ausgewählt, die als Straftaten gelten oder die eigene Person bzw. andere in Gefahr bringen können. Dadurch soll eine Diskussion in der Klasse über die Risiken und den Sinn solcher „Aufgaben" angeregt werden, in die auch Zeitungsberichte, weitere Beispiele für Mutproben und eigene Erfahrungen der Schüler einfließen können.

Lösung
Aufgabe 3:
gefährliche Mutproben
verbotene Mutproben

bei fremden Leuten klingeln und dann wegrennen
etwas stehlen
Graffiti an die Schulwand sprayen
allein eine Nachtwanderung machen
den Zeigefinger schnell durch eine Kerzenflamme ziehen
im Freibad vom Fünfmeterbrett springen
eine Zigarette rauchen
einen Autoreifen zerstechen
einen Feuerlöscher stehlen und verspritzen
nachts im Freibad schwimmen
den Notruf grundlos betätigen
auf Zuggleisen balancieren

Aufgabe 4:
z. B. Man kann ein neues Hobby ausprobieren oder in einen neuen Verein eintreten. Ein Bühnenauftritt, z. B. in einem Theaterstück oder mit einem Instrument, erfordert Mut, ebenso sich in sportlichen Wettkämpfen zu messen. Sich in bestimmten Situationen für Schwächere einzusetzen, Zivilcourage zu zeigen, kann ebenfalls sehr mutig (und darüber hinaus auch sinnvoll) sein.

KV Seite 46

Die Wendung
Bei dem geheimen Treffen kommt es durch Majas spätes, aber entschlossenes Eingreifen zum zentralen Wendepunkt der Geschichte. Dies lässt sich gut am Auftreten und Verhalten von Maja und Valerie vor und nach dieser Szene aufzeigen. Die Schüler machen das auf diesem Blatt, indem sie zunächst passende Adjektive für die beiden Protagonistinnen vor Majas Eingreifen finden. Gehen Sie bei der Besprechung dieser Aufgabe auch darauf ein, warum die beiden wohl so auftreten: Wieso geht Valerie derart in ihrer Rolle auf und braucht die Anerkennung der anderen „wie die Luft zum Atmen"? Warum schreitet Maja zunächst nicht ein, obwohl sie sich von Anfang an unwohl fühlt? Die Lektüre bietet hier durchaus Raum für Vermutungen der Schüler.

In Aufgabe 2 notieren die Kinder das entscheidende Wort von Maja: „Halt!" Fragen Sie in diesem Zusammenhang, was genau Maja an dieser Stelle zum Handeln bringt. (Die von Angst erfüllte Jule greift nach Majas Hand. Erst der körperliche Kontakt zum „Opfer" führt also den Wendepunkt herbei.) Bei der erneuten Suche nach passenden Adjektiven zu Valerie und Maja – jetzt aber nach Majas Eingreifen – führen sich die Schüler die Auswirkungen des Wendepunkts vor Augen.

Die ganze Szene im geheimen Garten eignet sich sehr gut für ein Rollenspiel, das Sie auch in ein Hörspiel übertragen können. Entscheiden Sie je nach Zeitbudget, ob dabei ab dem 9. oder erst ab dem 10. Kapitel in die Handlung eingestiegen wird. Den Abschluss sollte Valeries klägliches „Ist es wohl" (11. Kapitel) bilden.

Lösung
Aufgabe 1:

Valerie	Maja
überlegen	unsicher
selbstbewusst	zurückhaltend
triumphierend	verwirrt
stolz	aufgeregt
z. B. überheblich, selbstzufrieden	z. B. zögernd, fasziniert

Aufgabe 2:

Aufgabe 3:
z. B.

Valerie	Maja
wütend	mutig
verunsichert	selbstsicher
enttäuscht	aufgebracht

Pablo
Dieses Arbeitsblatt lenkt den Blick auf die Perspektive eines Jungen, der auch zum ersten Mal an einem der Clubtreffen teilnimmt: Pablo. Zu Beginn weicht er Maja aus, weil es ihm peinlich ist, dass er überhaupt gekommen ist. Aber im Gegensatz zu Tim hält Pablo sich die ganze Zeit über zurück und ergreift am Ende auch als Erster Majas Partei. In der Geschichte wird nicht genau erzählt, was Pablo denkt, aber seine Reaktionen lassen erahnen, was in ihm vorgeht. Dies bietet Raum zum Austausch in der Klasse.

Die dritte Aufgabe kann als Nacherzählung bearbeitet werden, sollte darüber hinaus aber Einblicke in Pablos Gedanken und in seine Gefühlswelt bieten. Regen Sie Ihre Schüler dazu an, die Nachricht auf dem Computer zu verfassen, auszudrucken und auf die Rückseite des Arbeitsblatts zu kleben.

Da sich die Aufgaben auf mehrere Seiten der Lektüre beziehen, können Sie differenzierend die entsprechenden Stellen der Geschichte (Seite 64, 67/68, 72 bzw. 73 bei Level 1 und 2, 74, 78, 82/83) noch einmal laut vorlesen oder in Lesetandems erarbeiten lassen.

Lösung
Aufgabe 1:
z. B. Maja und Pablo ist es zunächst peinlich, dass sie Valeries Einladung gefolgt sind. Dann hofft Maja auf Pablos Zustimmung und Unterstützung, weil sie Freunde sind.

Aufgabe 2:
☒ Pablo teilt mit Maja seinen Schokoriegel.
☒ Pablo weicht Majas Blick zu Beginn aus.
☒ Pablo spielt unbeteiligt mit einem Stöckchen und hält sich zurück.
☒ Pablo schlägt sich nach Majas „Halt!" als Erster auf ihre Seite.

Was ist Mut?
Sammeln Sie mit den Schülern Zitate aus dem Buch zum Thema Mut. Was verstehen die einzel-

nen Mitglieder des Geheimclubs darunter? Was ist für Maja Mut?

Stellen Sie den Kindern Lexika zur Verfügung oder lassen Sie die erste Aufgabe als Hausaufgabe bearbeiten. Mut lässt sich folgendermaßen definieren:

- Fähigkeit, in einer gefährlichen, riskanten Situation seine Angst zu überwinden.
- Furchtlosigkeit angesichts einer Situation, in der man Angst haben könnte.

Folgende Erklärung passt gut zu Majas Situation: Bereitschaft, trotz zu erwartender Nachteile und fehlender Unterstützung etwas (für einen anderen Menschen) zu tun, das man für richtig hält.

Erarbeiten Sie mit leistungsschwächeren Schülern die Umschreibung gemeinsam und fassen Sie sie in eigene Worte. An die Definition kann sich ein Gespräch über sprachliche Verbindungen mit „Mut" anschließen. Es können passende Verben (Mut fassen, aufbringen, zusprechen), Adjektive (froher, guter, neuer Mut), Synonyme (Courage) und Redewendungen (all seinen Mut zusammennehmen / sich ein Herz fassen) gesammelt und auf einem Plakat festgehalten werden. Diese Zusammenstellung kann als Hilfe für das Verfassen eigener Texte dienen.

Die folgenden Fragen zum Thema Mut sind sehr persönlich, das Gespräch darüber sollten Sie deshalb behutsam führen. Wer möchte, beschreibt auch seine Gefühle und die Reaktionen der Mitmenschen, als jemand Mut gezeigt hat bzw. nicht mutig war. Den Abschluss kann eine Reflexion über die Mut-Beispiele der Schüler bilden: Gibt es unterschiedlich großen Mut? Ist Mut für alle das Gleiche? Was ist Zivilcourage? Wann lohnt sich Mut (nicht)? Warum sind manche Menschen mutiger als andere?

KV Seite 49

Lied: Wenn du hast Mut

Die Melodie ist dem traditionellen Lied „Si ma ma kaa" aus Ghana entnommen. Der lebhafte Charakter, den Sie durch Trommeln unterstützen können, soll den positiven Aspekt von Mut widerspiegeln. In der zweiten Strophe können die Schüler das „Nein!" rufen, anstatt es zu singen. Die dritte Strophe thematisiert, dass es durchaus menschlich ist, wenn einem auch einmal der Mut fehlt und man seine Angst nicht überwinden kann. Das Mut-Lied kann von einem geflüsterten Intro („Wenn du, wenn du, wenn du hast Mut ...") und einem gerufenen Outro („Wenn du hast Mut, tut dir das gut!") flankiert werden.

Die auf dem vorherigen Arbeitsblatt gesammelten Beispiele für Mut können Sie mit Ihrer Klasse in neue Strophen umwandeln, die dem Lied dann einen persönlichen Charakter verleihen.

Weiterführende Anregung

Veranstalten Sie anknüpfend an die Lektüre mit Ihren Schülern einen Aktionstag in der Klasse oder der ganzen Schule zum Thema Mut bzw. Zivilcourage. Ideen dafür sind:

- Die Schüler singen das Mut-Lied.
- Bauen Sie einen Mut-Parcours im Pausenhof oder in der Turnhalle auf.
- Schüler, die Mut oder Zivilcourage bewiesen haben, werden geehrt.
- Die Kinder schreiben Mut-Geschichten.
- Laden Sie Personen ein, deren Berufe häufig Mut erfordern (z. B. Feuerwehrleute).

Auf dem Nachhauseweg

Auf dem Nachhauseweg spricht Maja mit den Mitschülern, die sich ihr angeschlossen haben, noch einmal über den Geheimclub. Vor dem Würfeldiktat können Sie im Klassenverband über das Gespräch reflektieren: Erscheinen Selinas und Jules Gründe für ihr Mitmachen nachvollziehbar? Spielt es jetzt noch eine Rolle, ob Valerie den schwarzen Stein genau kannte? Werden die drei Mädchen mit dem Geheimclub weitermachen?

Das Diktat greift einige Aussagen auf, zum Teil in leicht abgewandelter Form. Sie können es auch als Schleich- oder Partnerdiktat organisieren. In allen Fällen ist es wichtig, dass die Kinder ihre geschriebenen Sätze kontrollieren und gegebenenfalls korrigieren. Leistungsschwächere Schüler schreiben nicht alle Sätze ab. Mögliche Regeln für das Würfeldiktat:

- Jeder Satzstreifen soll maximal zweimal abgeschrieben werden.
- Rechtschreibbesonderheiten kannst du markieren.
- Achte auf die wörtliche Rede.

Der Text verrät uns nicht, wie es mit Valerie, Caro und Leonie an diesem Tag weitergeht. Daher sollen sich die Schüler weitere Sätze überlegen, die sie der Klasse vorstellen. Die Sätze lassen sich (nach ihrer Verbesserung) auch in das Würfeldiktat integrieren, indem sie gegen andere Sätze ausgetauscht werden.

Die Aussprache

Am Ende der Geschichte kommt es zu einer wichtigen Aussprache der beiden Freundinnen am Telefon. Aufgabe der Schüler ist es, den Originaltext noch einmal genau zu lesen und die 15 Fehler auf dem Arbeitsblatt, das in zwei Varianten vorliegt, zu finden und zu verbessern. Entweder die Kinder schreiben die korrekten Begriffe direkt über die Fehler oder der ganze Text wird im Rahmen eines Abschreibtrainings mit den Verbesserungen auf ein Blatt oder ins Heft notiert.

Um nicht nur das genaue Lesen, sondern auch das Textverständnis zu fördern, können Sie beispielsweise folgende Fragen zum Text anschließen:

- Welche Gefühle zeigen / verbalisieren Maja und Fine im Laufe des Gesprächs?
- Warum wollte Fine dazugehören?
- Wie reagiert Fine, als Maja ihr die Vorkommnisse erzählt?
- Werden sich Maja und Fine jetzt wohl auch anderen Kindern öffnen?

Lösung Seite 51 (Level 1 und 2)

„Maja!“ Fines Stimme klingt erleichtert. „Ach, Maja, bist du noch sauer auf mich? Weil ich heimlich bei diesem Clubtreffen war?“

„Na ja, du hättest mir schon vorher Bescheid sagen können.“

Fine seufzt. „Ich weiß. Aber ich war so neugierig und dachte, das würdest du nicht verstehen … Du glaubst nicht, was da los ist! Valerie und ihr Trupp, die spinnen …!“

„Nicht mehr“, unterbreche ich Fine. „Der Club hat sich aufgelöst!“ Und dann erzähle ich, was am Nachmittag passiert ist.

„Wie?“, fragt Fine nach einer Weile. „Tim und Pablo waren auch dabei?“

„Ich denke mal, aus dem gleichen Grund wie wir: Neugier!“, sage ich.

„Bei mir war's nicht nur Neugier“, widerspricht Fine leise. „Ich wollte dazugehören, zumindest ein bisschen! Aber als Selina diesen Lolli klauen sollte, da wusste ich, dass ich gerade einen Riesenfehler mache. Doch ich wollte Selina auch nicht im Stich lassen. Also hab ich sie zurück zum Treffpunkt gebracht und bin abgehauen.“

„Das einzig Vernünftige!“, sage ich. Dann erzähle ich Fine die Geschichte mit der Spinne. Als ich bei meinem Eingreifen bin, ist Fine spürbar beeindruckt. „Wow! Das hast du super gemacht, Maja!“

„Ich bin auch ein bisschen stolz auf mich“, sage ich ehrlich.

Lösung Seite 52 (Level 3)

„Maja!“ Fines Stimme klingt erleichtert. „Endlich! Meine Mutter hat mir erzählt, dass du angerufen hast. Ach, Maja, bist du noch sauer auf mich? Weil ich heimlich bei diesem Clubtreffen war?“

„Na ja, du hättest mir schon vorher Bescheid sagen können.“

Fine seufzt. „Ich weiß. Aber ich war so neugierig und ich dachte, dass du das nicht verstehen würdest. Ach, es tut mir so leid, Maja! Und du glaubst nicht, was da los ist! Valerie und ihr Trupp, die spinnen total, die …!“

„Nicht mehr“, unterbreche ich Fine. „Der Club hat sich aufgelöst!“ Und dann fange ich an zu erzählen, was am Nachmittag passiert ist.

„Wie?“, fragt Fine nach einer Weile ungläubig. „Tim und Pablo waren auch dabei?“

„Ich denke mal, aus dem gleichen Grund wie wir: Neugier!“, sage ich.

„Bei mir war's nicht nur Neugier“, widerspricht Fine leise. „Ich wollte dazugehören, zumindest ein bisschen! Aber als ich mit Selina auf dem Weg zum Marktplatz war, weil sie diesen dämlichen Lolli klauen sollte, da wusste ich, dass ich gerade einen Riesenfehler mache. Doch ich wollte Selina auch nicht im Stich lassen. Also hab ich sie zurück zu diesem dämlichen Treffpunkt gebracht und bin direkt danach abgehauen.“

„Das einzig Vernünftige!“, sage ich. Dann erzähle ich Fine die Geschichte mit der Spinne. Als ich bei meinem Eingreifen und meiner flammenden Rede bin, ist Fine spürbar beeindruckt. „Wow! Das hast du super gemacht, Maja!“

„Ich bin auch ein bisschen stolz auf mich“, sage ich ehrlich.

Weiterführende Anregung

Wie geht es mit Maja, Fine, Valerie und den anderen weiter? Regen Sie die Schüler an, sich Gedanken über den Fortgang der Geschichte zu machen. Diese Aufgabe kann mündlich oder schriftlich, in Einzel-, Partner- oder Gruppenarbeit durchgeführt werden. Von Bedeutung ist die Vorstellung und Würdigung der Fortsetzungsgeschichten, die Sie im Anschluss zu einem kleinen Buch binden können. Vielleicht haben Ihre Schüler Freude daran, ihre Geschichten der Autorin Katja Reider als Brief oder per E-Mail zu schicken.

Nach der Lektüre

Hinweise zu den Kopiervorlagen

KV Seite 53

Kreuzworträtsel zu „Ganz geheim!“
Das Kreuzworträtsel bietet einen Rückblick auf die ganze Lektüre. Es kann als Wiederholung, zur Differenzierung oder als Hausaufgabe für alle eingesetzt werden und findet auch in offeneren Arbeitsformen seinen Platz. Leistungsstärkere Schüler entwerfen ein eigenes Kreuzworträtsel, ein Suchsel oder ein Würfelspiel mit Wissensfragen, das Sie dann der Klasse zur Verfügung stellen können.

Lösung

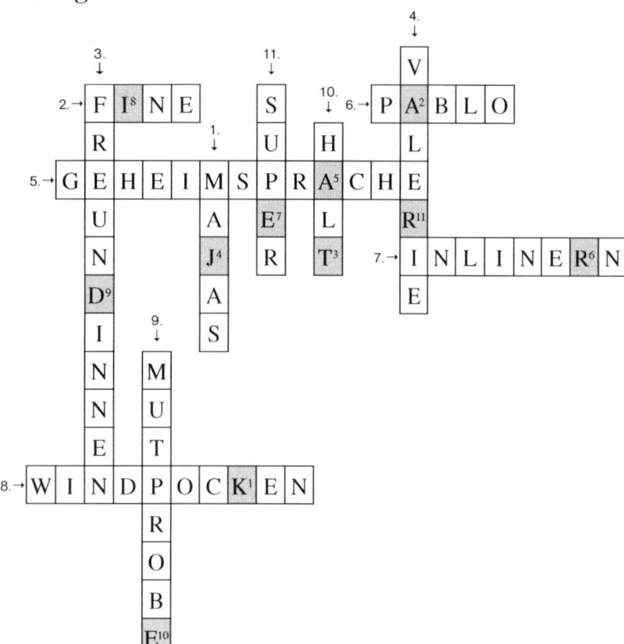

Die Lösungswörter lauten: KATJA REIDER

KV Seite 54/55

Das ganz geheime Spiel
Die Spielregeln sind einfach. Die Schüler können deshalb zügig beginnen, wenn die Karten ausgeschnitten sind. Stellen Sie für jede Spielgruppe eine Sand- oder Stoppuhr bereit und ernennen Sie einen Zeitwächter. Erklären Sie vorab noch, dass alle Formen eines Wortes (z. B. schreiben – geschrieben) und auch Wortteile (z. B. Lederbändchen – Leder, Bändchen) nicht verwendet werden dürfen.

Je nach Klassensituation können Sie die Grundregeln variieren und auch eigene Ideen der Schüler integrieren. Einige Vorschläge für Varianten sind bereits unter den Spielregeln aufgeführt.

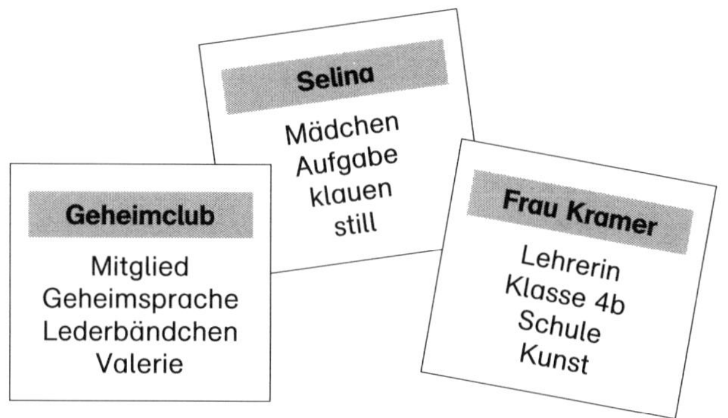

KV Seite 56

Buchkritik
Diese Kopiervorlage ist bewusst allgemein gehalten, sodass sie auch für andere Lektüren verwendet werden kann. Wenn Sie das Blatt auf DIN A3 vergrößert kopieren, haben die Kinder mehr Platz zum Schreiben und Gestalten. Zuerst falten sie das Büchlein nach der folgenden Anleitung.

1. Das Blatt einmal an der schmalen Seite und zweimal hintereinander an der langen Seite jeweils in der Mitte falten und wieder aufklappen, sodass die hier eingezeichneten Faltlinien zu sehen sind:

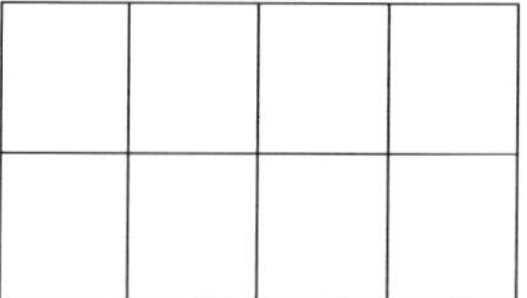

2. Dann das Blatt einmal an der langen Seite zusammenlegen und mit der Schere vom Falz bis zur Querfaltlinie einschneiden. Das Blatt wieder öffnen.

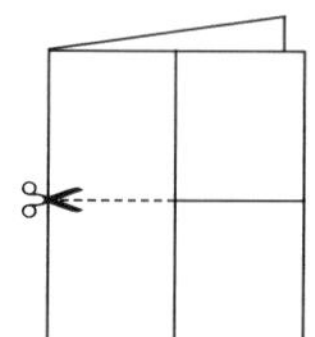

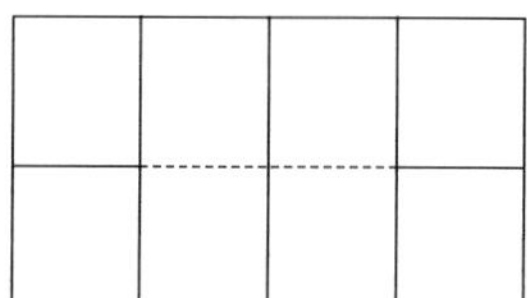

3. Das Blatt an der schmalen Seite in der Mitte falten und von außen mit beiden Händen zur Mitte zusammenschieben, sodass sich in der Mitte der Schnitt öffnet und das Papier vorn und hinten nach außen klappt.

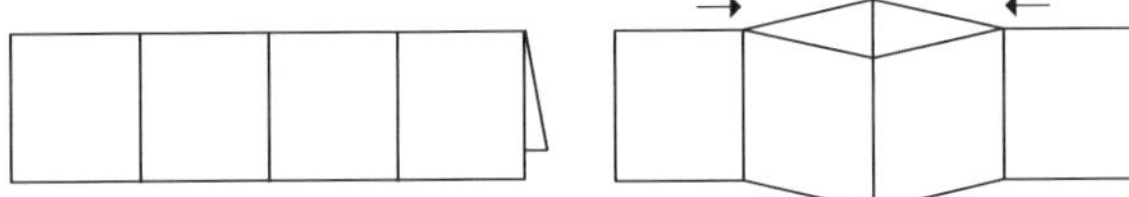

4. Die vier Buchseiten so aufeinanderlegen, dass die Seite mit dem Titel oben liegt. Die restlichen Seiten folgen den Seitenzahlen entsprechend.

Anschließend setzen sich die Schüler noch einmal kritisch mit dem Buch „Ganz geheim!“ auseinander. Klären Sie Fachbegriffe wie „illustrieren“ und „Cover“ vorab. Die letzte Seite gestalten die Kinder frei. Sie notieren beispielsweise den Höhepunkt, malen ein Bild, beurteilen den Schluss oder denken sich ein anderes Ende für die Geschichte aus. Möglich ist auch, dass die Kinder beim Vorstellen ihrer Büchlein einen Gegenstand mitbringen, der aus ihrer Sicht gut zu der Geschichte passt. Eine Reflexion der verschiedenen Gestaltungsvorschläge schließt sich an.

Name:

Katja Reider

In dieser Mindmap findest du viele Informationen über die Autorin Katja Reider. Lies sie genau.

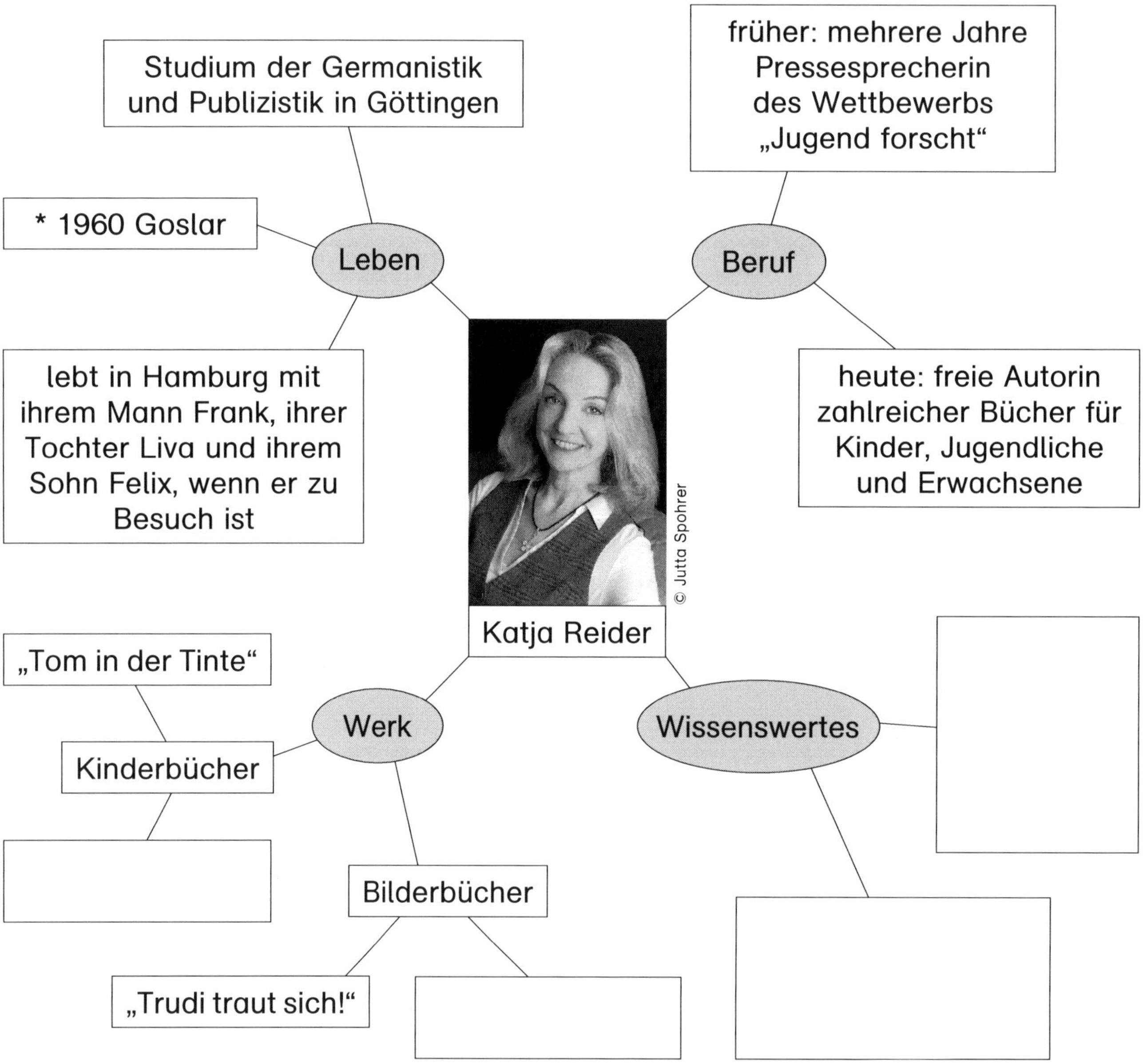

Katja Reider

© Jutta Spohrer

- Leben
  - * 1960 Goslar
  - Studium der Germanistik und Publizistik in Göttingen
  - lebt in Hamburg mit ihrem Mann Frank, ihrer Tochter Liva und ihrem Sohn Felix, wenn er zu Besuch ist
- Beruf
  - früher: mehrere Jahre Pressesprecherin des Wettbewerbs „Jugend forscht“
  - heute: freie Autorin zahlreicher Bücher für Kinder, Jugendliche und Erwachsene
- Werk
  - Kinderbücher
    - „Tom in der Tinte“
    -
  - Bilderbücher
    - „Trudi traut sich!“
    -
- Wissenswertes
  -
  -

Ergänze weitere Äste. Informiere dich dafür im Internet.

Schreibe mithilfe der Mindmap einen Steckbrief über die Autorin in dein Heft.

Name:

Mein Lesetagebuch

Trage in die Tabelle ein, welche Aufgaben du erledigt hast. Notiere auch, wie du dabei gearbeitet hast.

Datum:	Aufgabe:	So habe ich gearbeitet:			Die Aufgaben waren für mich:			Hier habe ich mir Informationen beschafft:	Zusätzliche Angaben:
		alleine	mit einem Partner	in der Gruppe	leicht	mittel	schwer		

Name:

Wer sagt was?

Hast du die ersten drei Kapitel des Buches aufmerksam gelesen? Hier kannst du es beweisen!

Von wem stammen die folgenden Aussagen? Male die Sprechblasen mit den passenden Farben aus.

Maja = Rot
Fine = Grün
Valerie = Blau
Majas Mutter = Gelb

Die vier wollen nicht, dass man sie versteht. Ist doch logo!

Genau das will Valerie doch: ein Publikum für ihre Zirkusvorstellung!

Diese ganze Geheimnistuerei und das plötzliche Schweigen, wenn jemand anderes dazukommt … Das alles war nie mein Ding.

Ist doch viel spannender als ein doofer Dackel oder eine träge Katze …

Die meisten Clubs stellen irgendwelche Regeln auf.

Also, ich stell es mir schon irgendwie toll vor, Geheimnisse zu teilen.

Name:

Wer ist wer?

Suche dir eine Figur aus der Geschichte aus, beschreibe sie und male sie an. Stellt anschließend eure Figuren der Klasse vor und vergleicht.

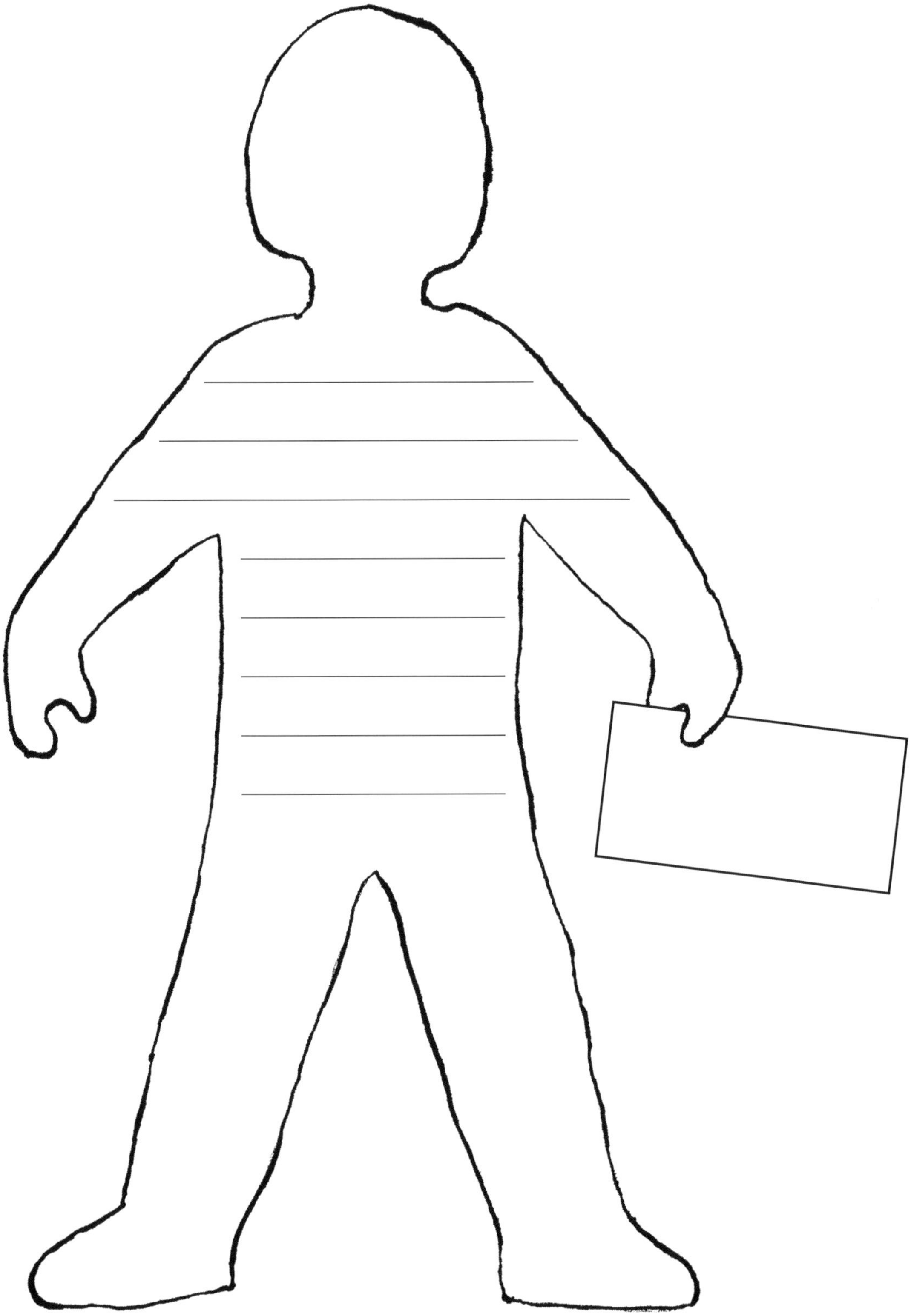

Name:

LEVEL 1 2 3

In Beziehung

Die Geschichte „Ganz geheim!“ wird aus Majas Sicht erzählt. Es kommen aber noch viele andere Figuren darin vor.

Wähle zwei Figuren aus. Zeichne ihre Beziehung zu Maja im Verlauf der Geschichte ein. Stehen sie Maja nahe? Verändert sich die Beziehung im Laufe der Geschichte? Verwende für jede Figur eine andere Farbe.

Diese Figuren eignen sich besonders für die Aufgabe: Fine, Valerie, Mama.

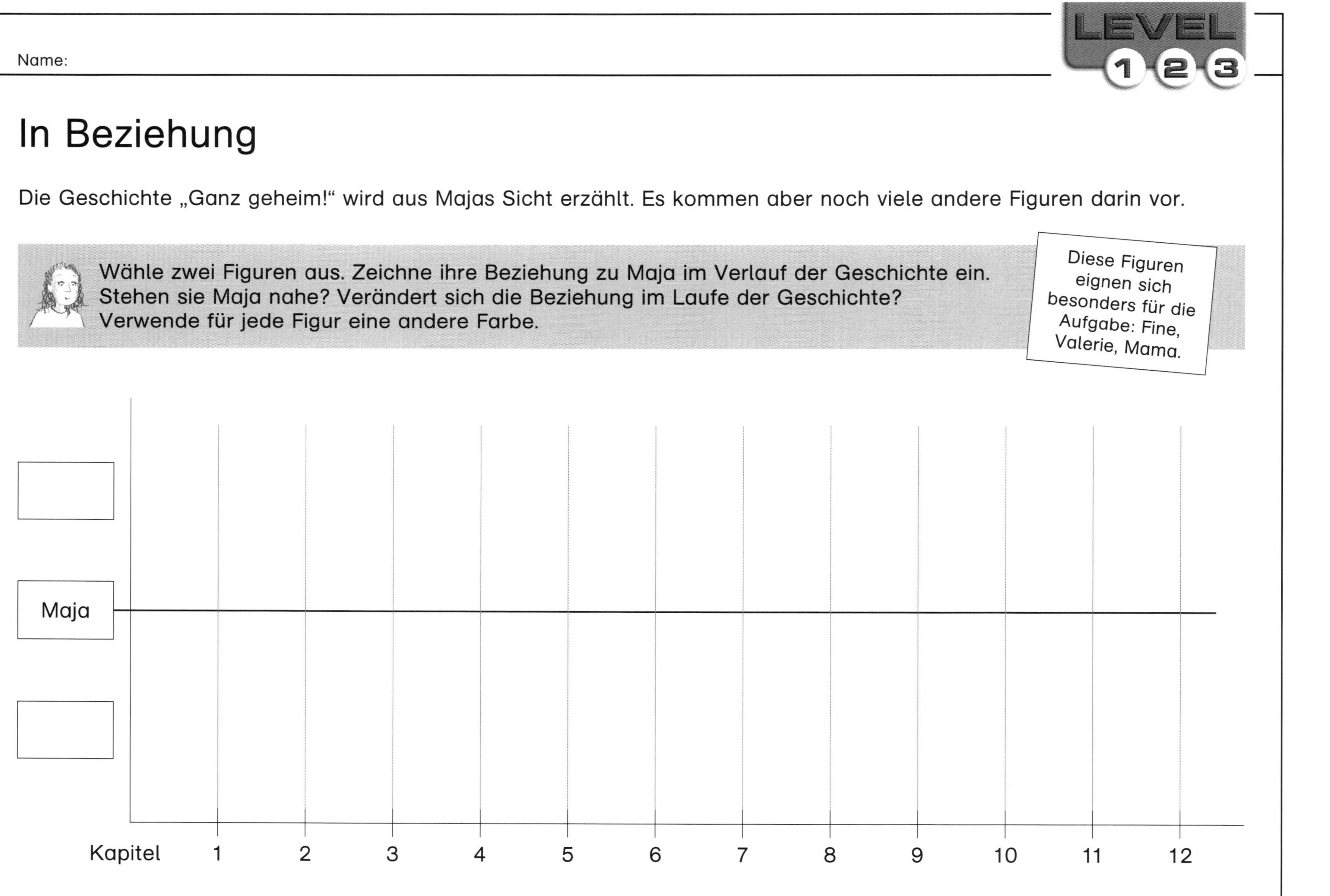

Name:

Mein Lieblingstier

Maja und ihre Mitschüler zeichnen im Kunstunterricht ihre Lieblingstiere. Welches Tier magst du am liebsten?

Fülle den Steckbrief aus und zeichne dein Lieblingstier. Stelle es dann der Klasse vor.

Informiere dich in Tierbüchern, Lexika oder im Internet.

Tier: ______________________

Aussehen: ______________________

____

____

____

Lebensraum: ______________________

Lebensweise: ______________________

____

____

____

Nahrung: ______________________

____

Wissenswertes: ______________________

____

Es ist mein Lieblingstier, weil ______________________

____

Name:

Haustier Schlange?

Valerie erzählt, dass sie später eine Schlange als Haustier halten möchte.

Was erfährst du im Buch über das Haustier Schlange?

Tipp: Lies auf den Seiten 11 bis 13 nach.

Lies den Text über Schlangen als Haustiere genau.

Bei Schlangen unterscheidet man zwischen sogenannten Giftschlangen und Würgeschlangen. Giftschlangen töten ihre Beute mit dem Gift aus ihren Giftzähnen. Würgeschlangen hingegen wickeln sich um das Beutetier und erwürgen es.
Es gibt Schlangen, die nur 10 cm groß sind, und Arten, die bis zu 10 m lang werden. Im Durchschnitt werden Schlangen 10 bis 15 Jahre alt.
Soll eine Schlange als Haustier angeschafft werden, muss man Folgendes beachten: Eine Schlange muss in einem ihrer Größe angepassten Terrarium mit Klettermöglichkeit und einem Versteck gehalten werden. Zudem müssen Licht, Temperatur und Luftfeuchtigkeit geregelt werden. Als Nahrung für die Reptilien dienen je nach Vorlieben Heuschrecken, Schaben, Mäuse oder Kaninchen.
Die etwa 1,5 m lange Kornnatter wird als pflegeleichte Schlange angesehen und deshalb oft für Anfänger empfohlen. Es gibt jedoch zahlreiche Stimmen, die Schlangen als Haustiere grundsätzlich ungeeignet finden: Sie sind nicht ungefährlich, viele Arten stehen unter Schutz und außerdem ist es sehr schwierig, diese exotischen Tiere wirklich artgerecht zu halten.

Markiere wichtige Informationen im Text.

Gelb: Wie erbeuten Schlangen ihre Nahrung?
Blau: Wie muss man eine Schlange als Haustier halten?
Grün: Was spricht gegen eine Schlange als Haustier?

Begründet und diskutiert: Würdet ihr euch eine Schlange als Haustier anschaffen?

Name:

Geheimclub

Pablo fragt: „Was macht man eigentlich in so einem Club?“

Fine erklärt, woran man einen Club erkennt. Notiere die Kennzeichen in Stichpunkten.

Geheimclub

____

____

____

____

____

Erfinde selbst Clubregeln. Schreibe in ganzen Sätzen.

Deine Clubregeln können auch lustig, absurd oder auf ein bestimmtes Thema bezogen sein!

____

____

____

____

Wie beurteilt Majas Mutter Geheimclubs? Diskutiert darüber.

Tipp: Lies auf den Seiten 19 und 20 nach.

Name:

Ein berühmter Apache

Finde passende Überschriften für die Textabschnitte.

____

In einem Film war er der Häuptling der Apachen und trug immer lässige Lederklamotten sowie lange Haare, die im Wind wehten. Er war mutig und verteidigte seine Landsleute gegen die hellhäutigen Einwanderer aus Europa, denn sie nahmen den indigenen Völkern Nordamerikas ihr Land weg und verkauften ihnen Schnaps.

____

Old Shatterhand und sein Freund, der Häuptling der Apachen, schnitten sich beide in den Arm. Danach pressten sie ihre Arme aufeinander und vermischten ihr Blut. Nun waren sie für immer verbunden.

Bist du ein Winnetou-Experte? Kreuze an.

1. Wer war Winnetou?
- ☐ Ein echter Apachenhäuptling.
- ☐ Der Häuptling in einem alten Indianerfilm.

2. Was bedeutet „Feuerwasser“?
- ☐ Branntwein bzw. Schnaps.
- ☐ Wasser zum Löschen von Bränden.

Führe eine Winnetou-Umfrage in deiner Familie durch.

	Hast du Winnetou-Filme gesehen?	Warst/Bist du ein Winnetou-Fan?	Woran erinnerst du dich noch?
Mama	☐ ja ☐ nein	☐ ja ☐ nein	
Papa	☐ ja ☐ nein	☐ ja ☐ nein	
	☐ ja ☐ nein	☐ ja ☐ nein	
	☐ ja ☐ nein	☐ ja ☐ nein	

Name:

Freundschaftsbändchen

Bastle dir ein Freundschaftsbändchen, das du mehrmals um dein Handgelenk wickeln kannst. Wenn du zwei Exemplare bastelst, kannst du ein Bändchen deinem besten Freund oder deiner besten Freundin schenken.

Du brauchst:

- drei runde Lederbänder (je ca. 80 cm lang)
- mehrere Perlen
- einen Knopf (oder eine große Perle) als Verschluss
- eine Schere

So geht's:

1. Lege die drei Lederbänder genau nebeneinander und binde sie an einem Ende mit einem festen Knoten zusammen.
2. Mache einen zweiten Knoten. Der Abstand zwischen den beiden Knoten sollte so groß wie der Verschlussknopf sein. Achte darauf, dass der Knopf nicht zu leicht herausrutscht.
3. Flechte die drei Bänder. Fädle dabei ab und zu eine Perle ein.
4. Das geflochtene Band sollte einmal um dein Handgelenk passen. Mache einen Knoten.
5. Wickle die Bänder ein zweites Mal um dein Handgelenk und lass dieses Stück ungeflochten. Mache erneut einen festen Knoten.
6. Flechte die drei Bänder wieder und fädle ab und zu eine Perle ein. Mache einen Knoten, wenn es um dein Handgelenk passt.
7. Fädle den Verschlussknopf ein. Mache einen festen Knoten.
8. Schneide zum Schluss die überstehenden Reste der Lederbänder ab.

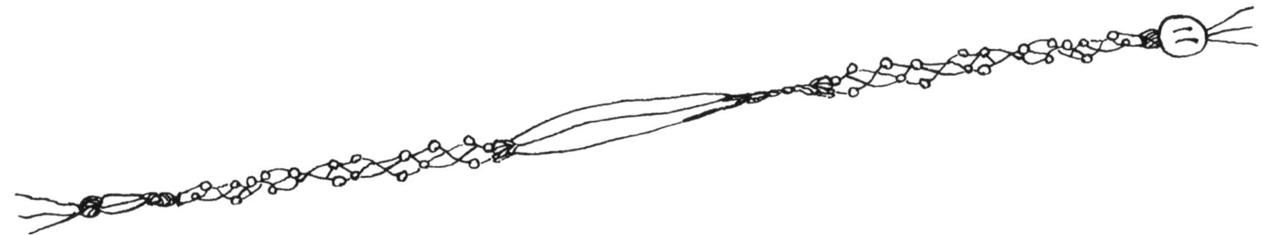

Name:

Welches Wort stimmt?

Hast du Kapitel 4 bis 7 des Buches aufmerksam gelesen? Hier kannst du es beweisen!

Jeweils nur ein Wort in Großbuchstaben ist richtig. Markiere es farbig.

4. Kapitel
„Ist es nicht!“, blitze ich ihn an.
„Dieser Club SPALTET (Y) / VERGIFTEN (R) / VEREINT (A) bald die ganze Klasse. Das ist total blöd!“

„Ach, die Geheimsprache finde ich eigentlich ganz NETTER (K) / GEFÄHRLICH (A) / LUSTIG (E)“, sagt Fine.

5. Kapitel
Es ist albern, aber ich werde das Gefühl nicht los, dass die sechs Mädchen mit den Armbändern irgendwas ganz BLÖDES (S) / BESONDERES (L) / GEFÄHRLICHES (U) erleben.

6. Kapitel
Nur ich schnalle nicht, dass andere Zeiten angebrochen sind. Zeiten, in denen LOSER (U) / SUPERSTARS (S) / VERLIEREN (P) wie ich abgemeldet sind.

7. Kapitel
Valerie erträgt es nicht, dass sie etwas tut, was nicht alle supertoll finden. Sie braucht die EIFERSÜCHTIG (W) / ANERKENNUNG (T) / ABLEHNUNG (Z) anderer wie die Luft zum Atmen.

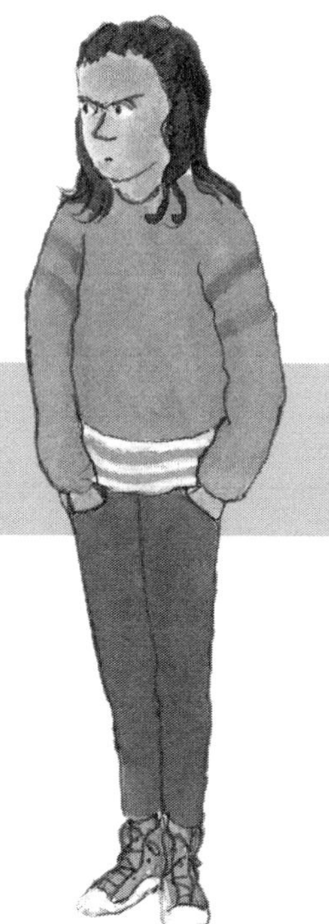

Die Buchstaben hinter den richtigen Wörtern ergeben von unten nach oben ein Lösungswort. Schreibe es auf.

____

Name:

Welches Wort stimmt?

Hast du Kapitel 4 bis 7 des Buches aufmerksam gelesen? Hier kannst du es beweisen!

Jeweils nur ein Wort in Großbuchstaben ist richtig.
Markiere es farbig.

4. Kapitel
„Ist es nicht!“, blitze ich ihn an.
„Dieser Club SPALTET (Y) / VERGIFTEN (R) / VEREINT (A)
bald die ganze Klasse. Das ist total blöd!“

„Ach, diese Geheimsprache finde ich eigentlich
ganz NETTER (K) / GEFÄHRLICH (A) / LUSTIG (E)“, meint Fine.

5. Kapitel
Ich weiß, es ist albern, aber ich werde das Gefühl nicht los,
dass diese sechs irgendwas ganz Besonderes erleben,
etwas, von dem wir anderen
AUSSCHLIESSEN (S) / AUSGESCHLOSSEN (L) / ANGEEKELT (U) sind.

6. Kapitel
Nur ich, ich schnalle nicht, dass andere Zeiten angebrochen sind.
Zeiten, in denen Mädels wie Valerie das Sagen haben
und LOSER (U) / SUPERSTARS (S) / VERLIEREN (P) wie ich
abgemeldet sind.

7. Kapitel
Valerie erträgt es einfach nicht, dass sie etwas tut,
was nicht alle supertoll finden. Sie braucht die
EIFERSÜCHTIG (W) / ANERKENNUNG (T) / ABLEHNUNG (Z)
anderer wie die Luft zum Atmen.

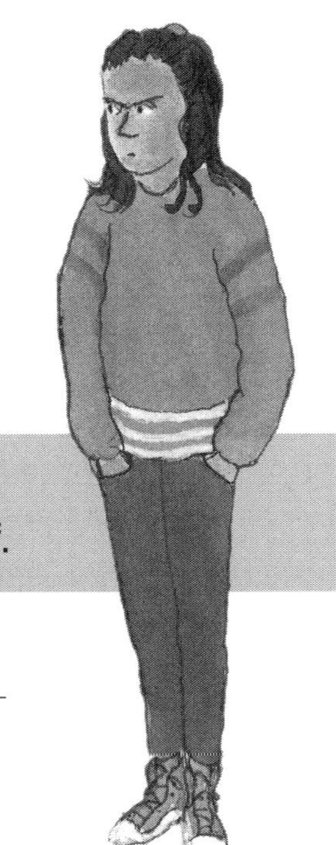

Die Buchstaben hinter den richtigen Wörtern ergeben
von unten nach oben ein Lösungswort. Schreibe es auf.

____

Name:

Geheimsprache

Valerie und die anderen Mitglieder verwenden eine geheime Clubsprache.

Fine erklärt, wie die Geheimsprache funktioniert. Beschreibe anhand von ein oder zwei Beispielen.

Tipp: Lies im 4. Kapitel nach.

Und so sieht das gesamte Alphabet aus. Mit etwas Übung könnt ihr euch sicher schon bald unterhalten.

Sich in einer Geheimsprache zu unterhalten hat gute und schlechte Seiten. Was meinst du dazu?

Denke dir eine eigene Geheimsprache oder Geheimschrift aus. Notiere die Regeln auf einem Blatt und probiere sie mit einem Partner aus.

Name:

Dabeisein

„Mensch, wieso interessiert euch das eigentlich so mit diesem Club?“, unterbricht Pablo Maja und Fine. „Ist doch egal.“

Beantworte die Fragen in ganzen Sätzen.

Tipp: Lies auf den Seiten 31 und 32 nach.

1. Warum ist Maja der geheime Club nicht egal?

2. Charakterisiere Selina und Tuley kurz mithilfe des Textes.

3. Selina ist stolz, nun auch Mitglied in Valeries Club zu sein. Erkläre, warum.

Ergänze Fines Antwort. Was würdest du antworten? Notiere.

Würdest du auch gerne zu den Wichtigen gehören?

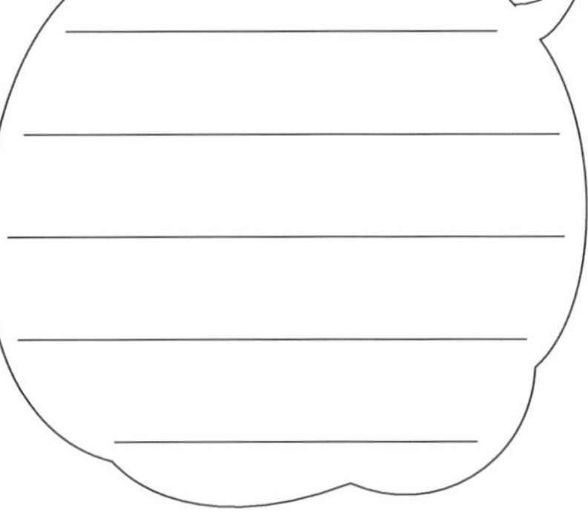

Name:

Ein besonderes Picknick

Erkläre in ganzen Sätzen, wie Valeries „Pink Picknick“ funktioniert.

Welches Motto könnten Picknicks mit folgenden Gegenständen haben? Notiere.

Mütze | Handschuhe | Stiefel

Helm | Schwert | Kettenhemd

Fish and chips | Union Jack | Sandwich

Auf welches Picknick hättest du Lust? Denke dir ein Motto aus und gestalte deine eigene Picknickdecke.

Du brauchst:

- alte Zeitungen / Zeitschriften
- evtl. Fotos
- Schere und Klebstoff
- DIN-A3-Papier
- Wasserfarben und Pinsel
- Stoffreste

So geht's:

1. Denke dir ein Motto aus.
2. Suche dazu passende Bilder oder Fotos von Lebensmitteln und Getränken und schneide sie aus.
3. Male das Blatt mit Wasserfarben so an, dass es wie eine Wiese aussieht. Lass es trocknen.
4. Schneide aus dem Stoff eine Picknickdecke aus und klebe sie auf die Wiese.
5. Gestalte zum Schluss mit den ausgeschnittenen Bildern das Picknick auf der Decke.

Name:

Meine Geburtstagsparty

Valeries Geburtstagspartys sind immer etwas ganz Besonderes – nicht nur mit den üblichen drei Ks.

Wie wünschst du dir deine nächste Geburtstagsparty? Notiere.

Motto: __________

Ort: __________

Zeit: __________

Gäste: __________

____

Essen und Trinken: __________

____

Aktivitäten: __________

____

Besonderheiten: __________

____

Mein Bild von der Geburtstagsparty:

Name:

Die Einheit bröckelt

Maja erfährt, dass Fine bei einem Treffen von Valeries Club ist.

Viele Gedanken schießen Maja durch den Kopf.
Ergänze die fehlenden Begriffe.

Tipp: Lies auf den Seiten 42 und 43 nach.

Fine ist zu einem Treffen von ______________________ gegangen! Hinter meinem ______________! Ohne mir vorher ein ________________________ zu sagen! Fine und ich, das war doch immer … eine ______________! Nie hatten wir _____________________ voreinander! Und jetzt hat Fine unsere _____________________ verraten. Für das Gefühl, endlich zu den ______________ in der Klasse zu gehören. (…) Mädchen vergessen nicht, sich von so einer _____________________ zu erzählen. Niemals!

Papa hat keine Ahnung, wie Mädchenfreundschaften funktionieren.
Finde Unterschiede zwischen Mädchen- und Jungenfreundschaften.
Notiere in Stichpunkten.

Mädchenfreundschaften	Jungenfreundschaften

Vergleicht eure Aufzeichnungen in der Klasse.

Name:

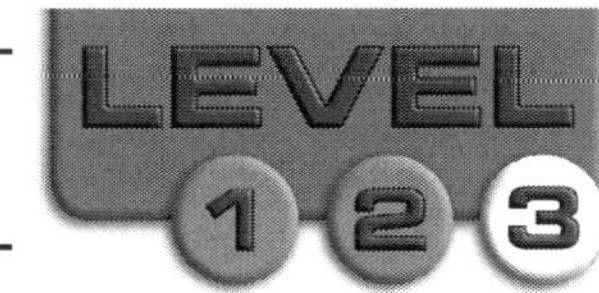

Die Einheit bröckelt

Maja erfährt, dass Fine bei einem Treffen von Valeries Club ist.

Viele Gedanken schießen Maja durch den Kopf.
Ergänze die fehlenden Begriffe.

Tipp: Lies auf den Seiten 42 und 43 nach.

Fine ist zu einem Treffen von ____________________ gegangen! Hinter meinem ______________! Ohne mir vorher ein ______________________ zu sagen! (…) Fine und ich, das war doch immer … eine ______________! Nie hatten wir ____________________ voreinander! Und jetzt? Jetzt hat Fine unsere ____________________ verraten. Für das Gefühl, endlich zu den ______________ in der Klasse zu gehören. (…) Mädchen vergessen nicht, sich von so einer __________________ zu erzählen. Niemals!

Papa hat keine Ahnung, wie Mädchenfreundschaften funktionieren.
Finde Unterschiede zwischen Mädchen- und Jungenfreundschaften.
Notiere in Stichpunkten.

Mädchenfreundschaften	Jungenfreundschaften

Vergleicht eure Aufzeichnungen in der Klasse.

Name:

LEVEL 1 2 3

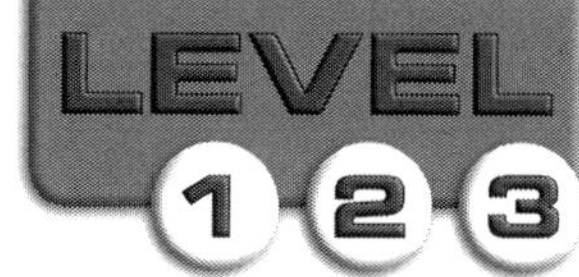

In Valeries Fahrwasser

Maja denkt: Es tut verdammt weh, Fine in Valeries Fahrwasser zu sehen …

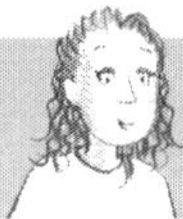

Erkläre diese Redewendung in einem Satz mit eigenen Worten.

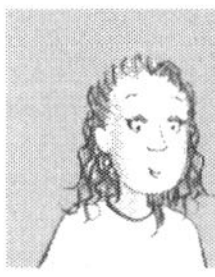

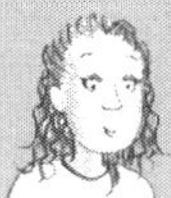

Ergänze das Bild „In Valeries Fahrwasser“. Schreibe auf, wer in den Booten sitzt. Ergänze, wo sich Maja befindet und wie sie sich fühlt.

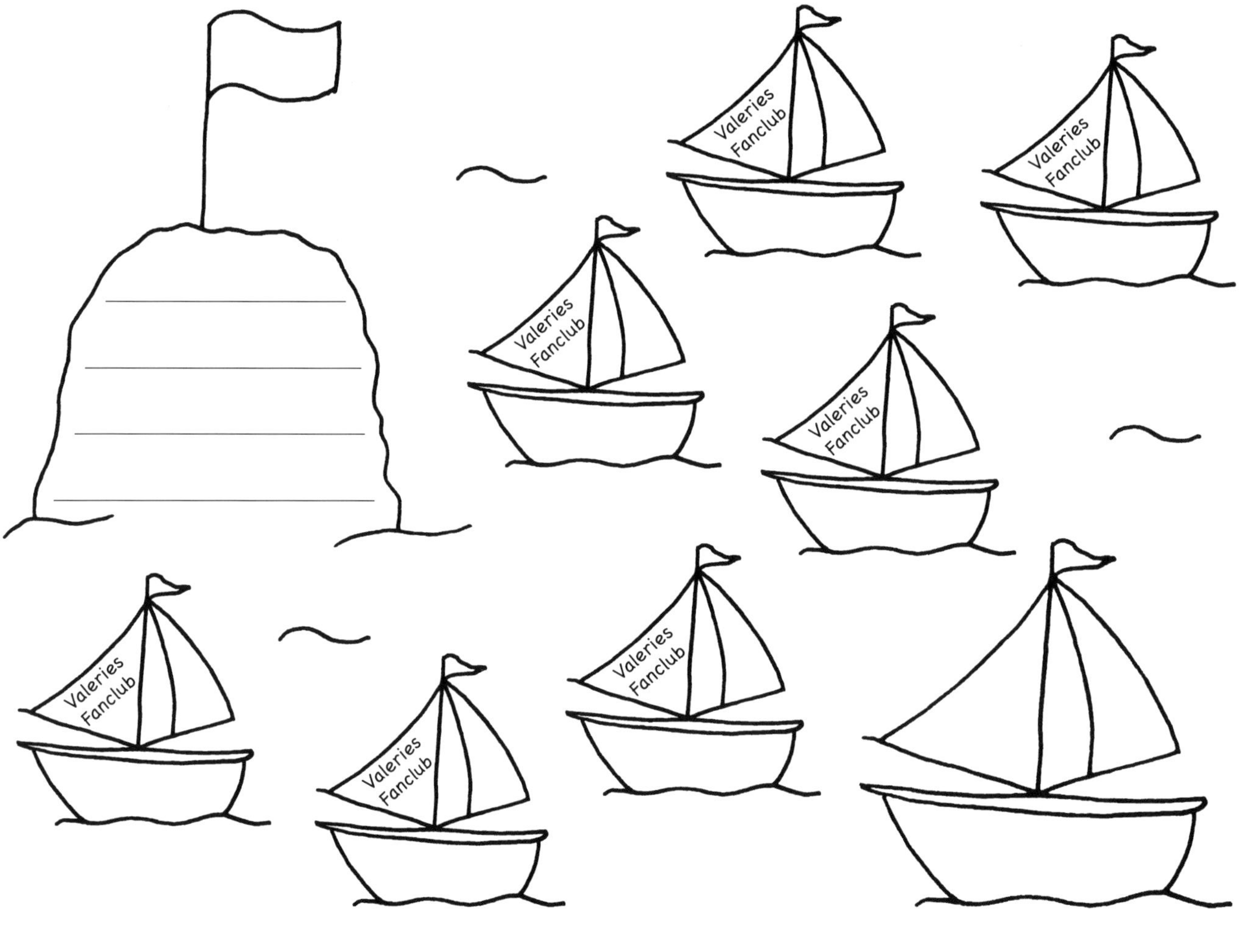

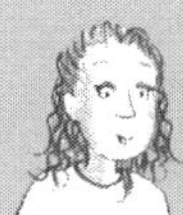

Erging es dir auch schon einmal so wie Maja? Sprecht darüber in der Klasse.

Name:

Selinas Aufgabe

Kreuze jeweils die richtige Fortsetzung an.

Tipp: Lies auf den Seiten 47 bis 49 nach.

1. Maja wartet versteckt vor dem Tor. Nach kurzer Zeit hört sie etwas.
- ☐ Valerie verabschiedet sich von den anderen Clubmitgliedern.
- ☐ Stimmen und Schritte kommen näher.
- ☐ Mama geht lachend mit ihrer Freundin vorbei.

2. Das sind Fine und Selina – ganz eindeutig!
- ☐ Maja läuft aus ihrem Versteck und fällt Fine um den Hals.
- ☐ Vor Schreck wird Maja ohnmächtig.
- ☐ Maja hofft, dass die beiden sie nicht entdecken.

3. Fine und Selina haben es eilig.
- ☐ Vor lauter Aufregung vergessen sie, das Tor richtig zuzumachen.
- ☐ Aber sie haben etwas vergessen und kehren noch einmal um.
- ☐ Maja stellt sich ihnen in den Weg und will die beiden aufhalten.

4. Selina und Fine laufen aufgeregt zum Marktplatz.
- ☐ Dort verabschieden sich die beiden Mädchen und gehen getrennte Wege.
- ☐ Gemeinsam gehen sie ins Schmuckgeschäft und sehen sich Uhren an.
- ☐ Maja krabbelt aus ihrem Versteck und läuft den beiden Mädchen nach.

5. Fine bleibt ein Stück zurück, während …
- ☐ das andere Mädchen in der Bäckerei verschwindet.
- ☐ Selina alleine zum Kiosk läuft und die Auslagen betrachtet.
- ☐ die Kirchturmuhr fünfmal schlägt.

6. Weil die Sonne Maja blendet, kann sie nicht erkennen, was Selina macht. Doch …
- ☐ da hört Maja Fine rufen: „Mensch, Maja, was machst du denn hier?“
- ☐ auf einmal rennen Selina und Fine Hand in Hand über den Platz.
- ☐ plötzlich rast Selina mit rotem Kopf über den Marktplatz und Fine hinterher.

7. Maja folgt den beiden nicht mehr, …
- ☐ sondern geht mit vielen Fragen im Kopf nach Hause.
- ☐ sondern läuft gut gelaunt nach Hause.
- ☐ denn ihre Mutter ruft an, weil sie sich mit ihr zum Eisessen treffen will.

Name:

Und jetzt?

Nach ihren Beobachtungen auf dem Marktplatz muss Maja unbedingt mit Fine sprechen. Sie ruft bei ihrer Freundin an.

Was sagt Maja, was sagt Fine? Male mit verschiedenen Farben an. Bringe das Gespräch durch Nummern in die richtige Reihenfolge.

	„Keine Zeit!“
	„Und warum? Wolltest du mir erzählen, dass du dich mit Valerie und den anderen getroffen hast? Dass du jetzt auch zum Club der Wichtigen gehörst?“
	„Maja! Hallo! Ich wollte dich auch gerade anrufen!“
	„Ja, das heißt: nein! Ich ... Ach, Maja, ich muss dir das alles in Ruhe erklären. Das geht nicht so am Telefon. Können wir uns nicht heute Abend noch treffen?“
	„So? Tatsächlich?“

Wie ergeht es Maja, als sie den Hörer aufgelegt hat? Streiche falsche Aussagen durch.

Maja bereut, dass sie aufgelegt hat.

Maja fühlt sich als Loser.

Sie freut sich, dass sie nun ihre Ruhe hat.

Ihre Mutter merkt schnell, dass etwas nicht stimmt.

Sie erzählt ihrer Mutter von den Erlebnissen am Nachmittag.

Um ihre Stimmung zu heben, schnallt sich Maja ihre Inliner an und flitzt los. Wie schüttelst du Ärger ab? Schreibe in ganzen Sätzen.

Name:

Valerie und Maja

Valerie lädt Maja überraschend zu einem Geheimclubtreffen ein.

Suche die Stichwörter auf den Seiten 57 bis 60 (Level 1 und 2: 58 bis 60) und schreibe jeweils den dazugehörigen Satz ab. Kontrolliere genau.

Seitenwechsel: ______________________________

____

blöd: ______________________________

____

aufregend: ______________________________

____

wirklich, dass: ______________________________

____

ertragen: ______________________________

____

____

In dem Gespräch zwischen Maja und Valerie kommen verschiedene Redewendungen vor. Verbinde jeweils mit der passenden Erklärung.

jemandem fällt die Kinnlade herunter •	• dringend auf etwas angewiesen sein
jemandem etwas unter die Nase reiben •	• jemand ist verblüfft / überrascht
etwas wie die Luft zum Atmen brauchen •	• jemandem etwas Unangenehmes sagen

Name:

Zu wem passt das?

Hast du Kapitel 8 bis 12 aufmerksam gelesen? Hier kannst du es beweisen!

Zu welchen Figuren passen die folgenden Aussagen über die Ereignisse am Ende des Buches? Verbinde.

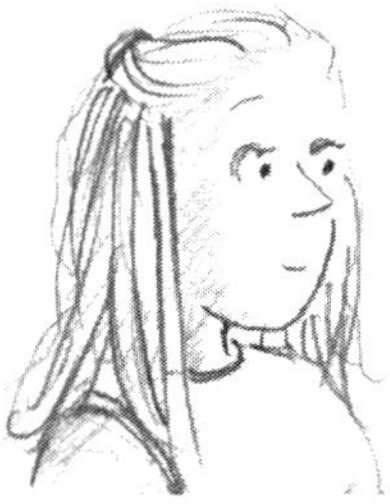

Leonie •

Mensch, bin ich froh, dass meine beste Freundin und ich uns endlich ausgesprochen haben! Auf ihren Auftritt bei diesem seltsamen Clubtreffen kann sie echt stolz sein, finde ich.

Tim •

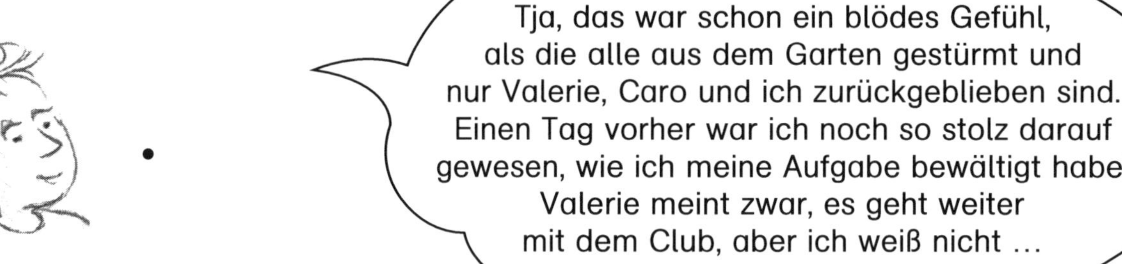

Jule •

Am Anfang war es mir peinlich, zu diesem Clubtreffen zu gehen. Aber dann gefiel mir die Sache mit den Aufgaben richtig gut. Deshalb war ich auch so sauer, als Maja plötzlich „Halt!" gerufen hat. Na ja, wahrscheinlich war das schon richtig von ihr. Trotzdem schade – endlich war mal was los …

Fine •

Puh, bin ich froh, dass die Sache mit dem Club vorbei ist. Wie konnten wir uns darauf nur einlassen? – Als der schwarze Stein in meiner Hand lag, musste ich richtig zittern. Aber Maja hat ja zum Glück noch rechtzeitig eingegriffen.

Name:

Windpocken

Lies den Sachtext genau.

Windpocken gehören zu den häufigsten Kinderkrankheiten. Die Krankheit wird durch das Varizella-Zoster-Virus verursacht. Diese Viren werden durch kleine Tröpfchen, z.B. durch Husten oder Niesen übertragen.
Ungefähr ein bis drei Wochen nach der Ansteckung bricht die Krankheit aus. Meist beginnt sie mit Fieber und Müdigkeit, dann tritt der typische, stark juckende Hautausschlag auf. Die flüssigkeitsgefüllten Bläschen breiten sich vom Kopf her über den ganzen Körper aus. Nach etwa zwei bis drei Wochen trocknen sie aus, ohne Narben zu hinterlassen. Da die Bläschenflüssigkeit ebenfalls sehr ansteckend ist, sollte der Patient in dieser Zeit zu Hause bleiben. Bettruhe wird auch empfohlen. Linderung bringen Medikamente, die den Juckreiz stillen.
Ist die Erkrankung überstanden, kann man kein zweites Mal Windpocken bekommen. Jedoch bleiben die Viren im Körper und können viele Jahre später eine sogenannte Gürtelrose verursachen.
Vor einer Ansteckung mit Windpocken kann man sich durch eine zweiteilige Impfung im Kindesalter schützen.

Unterstreiche im Text, was du über Windpocken erfahren hast.

Grün: Kennzeichen
Blau: Ansteckung
Gelb: Schutz

Wer von euch ist gegen Windpocken geimpft? Welche Kinder waren schon daran erkrankt? Berichtet von euren Erfahrungen.

Es gibt noch andere typische Kinderkrankheiten. Recherchiere und schreibe auf.

Name:

Was denn für Aufgaben?

Bei den geheimen Clubtreffen gibt es nicht nur jede Menge Süßigkeiten, sondern die Mitglieder stellen sich auch gegenseitig Aufgaben.

Nach welchen Spielregeln funktionieren die Aufgaben? Male die passenden Regeln an.

Wer seine Aufgabe erledigt hat, denkt sich eine neue aus.

Wenn man eine Aufgabe nicht machen will, kann man einen Joker ziehen.

Valerie bestimmt die Aufgaben, die es zu erfüllen gilt.

Man darf sich nicht drücken.

Wer sich die Aufgabe ausgedacht hat, muss sie erst vormachen.

Ein Abzählvers entscheidet, wer als Nächster an der Reihe ist.

Wer als Nächster drankommt, wird mit verschiedenfarbigen Steinen ausgelost.

Was sagen die Clubmitglieder zu den Aufgaben? Ergänze.

Tipp: Lies auf den Seiten 69 und 70 nach.

Jule: „Na ja, wir ______________________________

______________________________“

„Ja, so ______________________________

______________________________“

Tuley: „Dass man ______________________________

______________________________“

Selina: „Drücken ______________________________

______________________________“

Tuley: „Ist ein ______________________________

______________________________“

Name:

LEVEL 1 2 3

Mutproben

„Na, hör mal, es ist doch gut, seine Ängste zu überwinden, Herausforderungen anzunehmen“, erklärt Valerie.

Wie denkst du über Valeries Aussage? Schreibe in ganzen Sätzen. Diskutiert im Anschluss darüber in der Klasse.

Welche „Aufgaben“ würdest du ausführen? Kreuze an. Diskutiert darüber.

- ☐ bei fremden Leuten klingeln und dann wegrennen
- ☐ etwas stehlen
- ☐ Graffiti an die Schulwand sprayen
- ☐ allein eine Nachtwanderung machen
- ☐ den Zeigefinger schnell durch eine Kerzenflamme ziehen
- ☐ im Freibad vom Fünfmeterbrett springen
- ☐ eine Zigarette rauchen
- ☐ einen Autoreifen zerstechen
- ☐ einen Feuerlöscher stehlen und verspritzen
- ☐ nachts im Freibad schwimmen
- ☐ den Notruf grundlos betätigen
- ☐ auf Zuggleisen balancieren

Welche dieser „Aufgaben“ sind gefährlich, welche verboten? Markiert sie mit zwei verschiedenen Farben. Sprecht darüber.

Welche anderen Möglichkeiten gibt es, „seine Ängste zu überwinden, Herausforderungen anzunehmen“? Schreibe in ganzen Sätzen in dein Heft.

Name:

Die Wendung

Valerie fühlt sich sehr wohl in ihrer Rolle als Spielleiterin.

Charakterisiere Valerie und Maja bei dem geheimen Treffen bis Seite 80, Zeile 7 (Level 1 und 2: Zeile 5). Ordne die Adjektive in die Tabelle ein. Finde selbst noch jeweils ein passendes Adjektiv.

unsicher | zurückhaltend | überlegen | selbstbewusst | triumphierend | stolz | verwirrt | aufgeregt

Valerie	Maja

Doch durch ein einziges Wort ändert sich endlich alles. Notiere dieses Wort so, wie es im Text steht.

Lies auf den Seiten 80 bis 84 nach und beschreibe Valerie und Maja nach der Wendung noch einmal mit eigenen Adjektiven.

Valerie	Maja

Spielt die Szene im Geheimversteck mit verteilten Rollen nach.

Name:

LEVEL 1 2 3

Pablo

Nicht nur Maja, sondern auch zwei Jungen aus der Klasse, Tim und Pablo, sind zu dem geheimen Treffen gekommen.

Zu Beginn des Treffens sehen sich Maja und Pablo nicht an, aber dann sucht Maja häufig Pablos Blick. Warum? Erkläre in ganzen Sätzen.

Wie verhält sich Pablo im Geheimversteck? Kreuze an.

- ☐ Pablo teilt mit Maja seinen Schokoriegel.
- ☐ Er stellt von Anfang an viele Fragen.
- ☐ Pablo weicht Majas Blick zu Beginn aus.
- ☐ Pablo spielt unbeteiligt mit einem Stöckchen und hält sich zurück.
- ☐ Er hilft den Clubmitgliedern bei der Spinnensuche.
- ☐ Pablo schlägt sich nach Majas „Halt!“ als Erster auf ihre Seite.

Am Abend dieses Tages schickt Pablo eine Nachricht an einen Freund. Schreibe in dein Heft, was er über das Geheimtreffen erzählt.

Name:

Was ist Mut?

Maja erklärt: „Wenn jemand Hilfe braucht, dann muss man mutig sein.“

Bearbeite folgende Aufgaben.

1. Finde eine Definition von „Mut“. Recherchiere im Internet oder schau in einem Lexikon nach.

2. Was ist Mut für dich? Erkläre in ganzen Sätzen anhand eines Beispiels.

3. Wann warst du schon einmal mutig? Wie hat sich das angefühlt?

4. Warst du schon einmal mutig und hast es später bereut?

5. Ist das mutig? Kreuze an und begründe. Ergänze ein Beispiel für Mut.

- [ ] Simon fliegt alleine mit dem Flugzeug zu seiner Tante nach London.
- [ ] Marlene wird oft gehänselt. Heute traut sich auch Emil, dabei mitzumachen.
- [ ] Amira hält in der Schule ein Referat über ihr Hobby.
- [ ] Toni hilft einem Jungen, der von seinen Klassenkameraden geärgert wird.
- [ ]

Name:

Lied: Wenn du hast Mut

Melodie: Si ma ma kaa (Trad. aus Ghana)
Text: Anja Stettner

2. I: Wenn du hast Mut, tut dir das gut!
   Heja, heja, heja, wenn du hast Mut. :I
   I: Du sagst auch mal: „Nein!“, du sagst auch mal: „Nein!“
   Heja, heja, heja, wenn du hast Mut. :I

3. I: Fehlt Mut dir mal, ist’s ganz normal!
   Heja, heja, heja, fehlt Mut dir mal. :I
   I: Den ander’n geht’s auch so, den ander’n geht’s auch so!
   Heja, heja, heja, fehlt Mut dir mal. :I

4. wie 1. Strophe

Name:

Auf dem Nachhauseweg

Auf dem Nachhauseweg sprechen die Kinder noch einmal über das, was hinter dem geheimnisvollen Tor passiert ist.

Schreibe die Sätze unten als Würfeldiktat ab.
Das geht so:

- Schneide die Satzstreifen aus.
- Lege die Streifen, einen Würfel, einen Stift sowie dein Heft bereit.
- Würfle und lies dir den dazugehörigen Satz genau durch.
- Drehe den Satzstreifen um und schreibe den Satz auswendig auf.
- Kontrolliere am Ende Wort für Wort. Verbessere, falls nötig.

Welche Sätze könnten Valerie, Caro und Leonie sagen? Schreibe auf.

____

____

____

✂

⚀ Maja: „Wie konntet ihr da nur mitmachen?“

⚁ Tuley: „Es war irgendwie spannend, solange man selbst nicht dran war.“

⚂ Jule: „Ich hatte das Gefühl, die anderen beneiden uns richtig.“

⚃ Tim: „War Valerie selber eigentlich auch mal dran?“

⚄ Selina: „Meint ihr, die drei Mädchen machen alleine weiter?“

⚅ Pablo: „Ich denke, das war’s mit dem Valerie-Fanclub.“

Name:

Die Aussprache

In das Telefongespräch zwischen Maja und Fine haben sich 15 Fehler eingeschlichen. Streiche die falschen Wörter durch und berichtige.

Tipp: Lies auf den Seiten 93 bis 95 nach.

„Maja!" Fines Stimme klingt überrascht. „Ach, Maja, bist du noch wütend auf mich? Weil ich heimlich bei diesem Clubtreffen war?"

„Na ja, du hättest mir schon vorher Bescheid sagen können."

Fine seufzt. „Ich weiß. Aber ich war so verzweifelt und dachte, das würdest du gut verstehen … Du glaubst nicht, was da los ist! Valerie und ihre Clique, die spinnen …!"

„Nicht mehr", unterbreche ich Fine. „Der Club hat sich aufgelöst!" Und dann erzähle ich, was gestern passiert ist.

„Wie?", fragt Fine nach einer Weile. „Jule und Pablo waren auch dabei?"

„Ich denke mal, aus dem gleichen Grund wie wir: Angst!", sage ich.

„Bei mir war's nicht nur Neugier", widerspricht Fine schnell. „Ich wollte dabei sein, zumindest ab und zu! Aber als Selina diesen Lolli klauen sollte, da wusste ich, dass ich gerade eine Dummheit mache. Doch ich wollte Selina auch nicht alleine lassen. Also hab ich sie zurück zum Treffpunkt gebracht und bin abgehauen."

„Das einzig Richtige!", sage ich. Dann erzähle ich Fine die Geschichte mit der Spinne. Als ich bei meinem Eingreifen bin, ist Fine spürbar beeindruckt. „Wow! Das hast du super gemacht, Maja!"

„Ich bin auch ein bisschen wütend auf mich", sage ich ehrlich.

Name:

Die Aussprache

In das Telefongespräch zwischen Maja und Fine haben sich 15 Fehler eingeschlichen. Streiche die falschen Wörter durch und berichtige.

Tipp: Lies auf den Seiten 93 bis 95 nach.

„Maja!“ Fines Stimme klingt erleichtert. „Endlich! Mein Bruder hat mir erzählt, dass du angerufen hast. Ach, Maja, bist du noch wütend auf mich? Weil ich heimlich bei diesem Clubtreffen war?“

„Na ja, du hättest mir schon vorher Bescheid sagen können.“

Fine seufzt. „Ich weiß. Aber ich war so verzweifelt und ich dachte, dass du das gut verstehen würdest. Ach, es tut mir so leid, Maja! Und du glaubst nicht, was da los ist! Valerie und ihre Clique, die spinnen total, die …!“

„Nicht mehr“, unterbreche ich Fine. „Der Club hat sich aufgelöst!“ Und dann fange ich an zu erzählen, was gestern passiert ist.

„Wie?“, fragt Fine nach einer Weile ungläubig. „Jule und Pablo waren auch dabei?“

„Ich denke mal, aus dem gleichen Grund wie wir: Angst!“, sage ich.

„Bei mir war’s nicht nur Neugier“, widerspricht Fine schnell. „Ich wollte dabei sein, zumindest ab und zu! Aber als ich mit Selina auf dem Weg zum Marktplatz war, weil sie diesen dämlichen Lolli klauen sollte, da wusste ich, dass ich gerade eine Dummheit mache. Doch ich wollte Selina auch nicht alleine lassen. Also hab ich sie zurück zu diesem dämlichen Treffpunkt gebracht und bin direkt danach abgehauen.“

„Das einzig Richtige!“, sage ich. Dann erzähle ich Fine die Geschichte mit der Spinne. Als ich bei meinem Eingreifen und meiner flammenden Rede bin, ist Fine spürbar beeindruckt. „Wow! Das hast du super gemacht, Maja!“

„Ich bin auch ein bisschen wütend auf mich“, sage ich ehrlich.

Name:

Kreuzworträtsel zu „Ganz geheim!“

Löse das Kreuzworträtsel.

1. Die Geschichte wird aus … Sicht erzählt.
2. Wer liebt Pinguine?
3. Fine und Maja sind die besten …
4. Den geheimen Club gründet …
5. Die Mitglieder des Geheimclubs erkennt man an den blauen Bändchen und an der …
6. Mit welchem Jungen gehen Maja und Fine zum Schwimmen?
7. Um ihren Frust loszuwerden, dreht Maja eine Runde mit ihren …
8. Welche Kinderkrankheit hat Fine?
9. Was müssen alle Clubmitglieder machen?
10. Als Jule die Spinne schlucken soll, ruft Maja laut: …
11. Fine findet das Eingreifen ihrer Freundin …

Die Lösungswörter lauten:

1	2	3	4	5

6	7	8	9	10	11

Das ganz geheime Spiel

Spielregeln

1. Ernennt einen Zeitwächter. Er kontrolliert die Sand- oder Stoppuhr und achtet auch auf die Einhaltung der Spielregeln.
2. Mischt die ausgeschnittenen Karten und legt sie verdeckt auf einen Stapel.
3. Teilt die Klasse in zwei Gruppen auf.
4. Ein Spieler zieht eine Karte. Darauf steht ein Begriff, den er seiner Mannschaft erklären muss. Diesen Begriff und auch die darunter stehenden Wörter darf er dabei aber nicht verwenden.
   - Errät die Mannschaft den Begriff, bevor die Zeit (35 Sekunden) abgelaufen ist, erhält sie einen Punkt und die nächste Karte wird gezogen.
   - Wird ein Begriff nicht erraten oder ein Wort verwendet, das auf der Karte steht, erhält die gegnerische Mannschaft einen Punkt.
5. Nach Ablauf der Zeit ist die andere Gruppe an der Reihe.
6. Sind alle Karten gezogen, ist das Spiel zu Ende. Gewonnen hat die Mannschaft mit den meisten Punkten.

Varianten

- Es können auch mehr als zwei Gruppen gegeneinander antreten.
- Spielt mit einem zusätzlichen Spielleiter.
- Erstellt eigene, zum Thema passende Spielkarten.
- Gestaltet einen Spielplan, auf dem Spielfiguren für jeden Punkt ein Feld vorrücken.
- Signalisiert die Verwendung eines geheimen Begriffs mithilfe einer Triangel, Glocke oder Tröte.
- Verkürzt oder verlängert die Zeit, die für die Erklärung zur Verfügung steht.

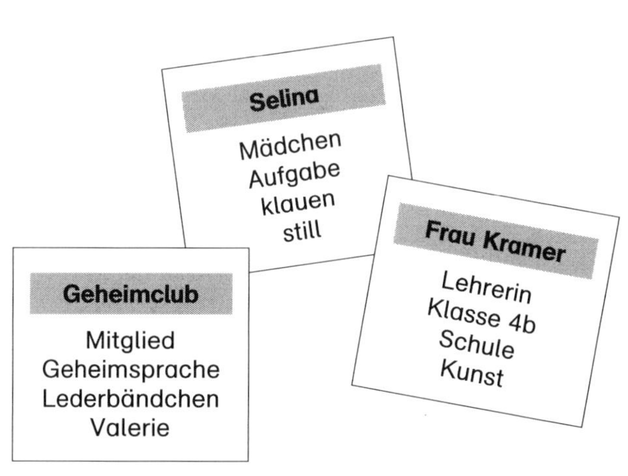

Das ganz geheime Spiel

Spielkarten

✂

Katja Reider	**Ganz geheim!**	**Maja**	**Fine**
Autorin Ganz geheim! Buch schreiben	Buch Lektüre lesen Katja Reider	beste Freundin Fine Mut Ich-Erzählerin	beste Freundin Maja Pinguine Brüder
Valerie	**Pablo**	**Tim**	**Tuley**
Superstar Club Anführerin Mutprobe	Junge Freund schwimmen Tim	Junge Angeber vorlaut Pablo	Mädchen still schüchtern Mitglied
Selina	**Caro**	**Jule**	**Mama**
Mädchen Aufgabe klauen still	Mädchen Mitglied Valerie Club	Mädchen Aufgabe Angst Spinne	Mutter Frau Übersetzerin Maja
Papa	**Frau Kramer**	**Lederbändchen**	**Geheimclub**
Vater Mann Familie einkaufen	Lehrerin Klasse 4b Schule Kunst	Clubabzeichen Mitglieder Arm blau	Mitglied Geheimsprache Lederbändchen Valerie
Mutprobe	**Geheimsprache**	**Pink Picknick**	**Windpocken**
Aufgabe Geheimclub auslosen Kieselsteine	Zeichen Hand Club Mitglieder	Decke Motto Essen rosa	Kinderkrankheit Ausschlag Jucken anstecken
Winnetou	**Mädchen-freundschaft**		
Indianer Film Old Shatterhand Oma	Maja Fine Jungen Papa	____ ____ ____ ____	____ ____ ____ ____

Buchkritik von

zu

1

Das Buch wurde geschrieben von

und illustriert von

Es ist in diesem Verlag erschienen:

2

Das passiert in der Geschichte:

3

Die Geschichte hat mir ______ gefallen,

weil ______

4

Die Bilder haben mir ______ gefallen,

weil ______

5

Meine Lieblingsstelle

ist auf Seite ______,

weil ______

6

So könnte ein neues Cover aussehen:

7

8